在宅介護応援ブック

介護保険活用法Q&A

三好春樹

編集協力 東田 勉

講談社

介護保険活用法Q&A

はじめに

介護はベテラン、介護家族は1年生。
介護保険を利用していい人生を

「いい人生を送りたければ、医者と弁護士を友人に持つといい」という格言があるそうです。この格言、おそらくアメリカのものではないでしょうか。アメリカは訴訟大国ですから、医者だけではなく弁護士も加わっているのでしょう。

現在の日本ならどうなるでしょう。「いい人生を送りたければ医者とケアマネジャーを友人に持つといい」ではないかと私は思っています。

なにしろ、日本は超がつく高齢社会。みんな長生きできる社会になりました。私は昭和25年生まれ。西暦では1950年です。〝団塊〟と呼ばれた同世代の友人、知人たちの大半が親の介護に直面しています。

そしてそれが終われば、今度は自分自身の介護の問題に直面することになるのです。しかもそのときには、現在の親の介護とは比べものにならないくらい厳しい状況になっているはずです。なにしろ〝団塊の世代〟が大挙して「要介護老人」になだれこむのですから。

「田舎で母と二人暮らしをしている85歳の父が、転んで脚を骨折してしまいました。現在は手術が終わって、まだ入院している状態です」

これは、本書の第1章のQ1、つまり冒頭に登場するケースです。この本では「58歳のパートタイマーをしている主婦」からの質問です。でもこれ、父親の年齢を88歳にすれば、2年前の私が置かれた状況とそっくりなんです。

「片道3時間もかかる遠方に住んでいるため」も同じです。私の場合は「新幹線で4時間半」ですが。

私は24歳のときに、偶然、特別養護老人ホームの職員になりました。その後、PT（理学療法士）の資格を得てからも、病院ではなくて介護の世界で40年も仕事をしてきました。ですから、父母が住んでいる町にも、古くからつき合いのある介護施設の関係者がいました。私はさっそく彼に電話して「いいケアマネジャーを紹介して」と頼みました。

でも私と違って、この本の読者のほとんどは、介護とは縁のない仕事、生活でしょうから、そんなに手軽に介護関係者を見つけるわけにはいかないでしょう。

でも、世の中に介護にかかわっている人は大勢います。急速に増えています。知人を辿《たど》っていけば、意外と近くに介護関係者が見つかるはずです。

病院も介護部門を併設しているところが増えていますから、看護師に問い合わせてもいいでしょう。税理士や社会保険労務士の方で介護事業所にかかわっている人も増えていて、彼らはいろんな情報にも通じていることが多いです。もちろん、心当たりがなければ、直接、市区町村の役場の窓口に行って相談しましょう。

さて、私の場合には、第1章にも説明してあるように、父が入院中に要介護認定を受け、決定が出る前に、手すりの設置などの住宅改修を行いました。

88歳という高齢なので、寝たきりや認知症になるのではという危惧はありましたが、手術直後にリハビリテーションを始め、歩行も可能になり、正座ができないという程度の状態で家庭に帰ることができました。

私がこの世界に入った頃の医療は、安静ばかりを強調して高齢者を寝たきりにしていたものです。でも、その医療も超高齢社会に適応して変わりつつあることを実感しました。

リハビリテーションと介護保険制度を活用してめでたし、めでたしと、ここで終わるわけではないのが介護です。

その後、こんどは母の体力が低下し、うつ病、そして2度の脊椎《せきつい》圧迫骨折となり、トイレに行くのに父の介助を受けるという状態になっています。

現在、父90歳「要支援1」、母88歳「要介護1」。母はおそらく再申請で「要介護2」と認定されるでしょう。掃除と食事づくりに、ホームヘルパーが週に2回訪問、回数を増やすことを考慮中です。

介護保険制度を使い始めるというときには、本書の第1章「介護保険サービスの基本的な活用法Q&A」が役に立ちます。私の母のように「うつ病」や「脊椎圧迫骨折」といった病気やケガが加わったとき、認知症を伴った場合、そして、これまた私の場合に当てはまる「遠距離介護」の場合の制度の活用については、第2章の「介護保険サービスの応用的な活用法Q&A」が参考になります。

じつはこの「介護保険」という制度、いい介護をしたい、と思っている人にはあまり評判がよくありません。というのも、利用者の切実なニーズがあっても、この制度のもとではできないことが多いのです。

「保険」とはいえ、国の税金も使っているのですから、いくら本人が熱望していたとしても、やらなくても日常生活に支障がないとされる行為が介護保険サービス内ではできないのはやむをえないのかもしれません。そのことについては、第3章「介護保険サービス内ではできないことQ＆A」を参考にしてください。

でも問題は、要介護の老人たちの生きがい、何が幸せかといった人生観、価値観は、一人ひとり違っているということです。

一人暮らしのテルヨさん（仮名、80歳）の口ぐせは「死ぬまでにもう一回○○山の桜を見たい」というもの。○○山は隣の市の桜の名所です。しかし足が不自由で、坂道では車イスが必要です。

週3回訪問しているホームヘルパーが車に乗せて連れて行くのは簡単ですが、それはヘルパーの仕事とは認められません。家族がすべきこととされるのです。しかし、家族とは縁が切れたままです。

ケアマネジャーとヘルパーは、町内のボランティアに声をかけ、テルヨさんの願いをかなえることにしました。ヘルパーは自分の休みを返上してボランティアでの参加です。熱心なものです。

テルヨさんがあんまり喜び、元気になったものですから、一人暮らしを中心とした高齢者と花見をするのがこの町の恒例になっています。

どうか、こうした活動で、介護保険制度ではできないところ、味気ない部分を補っていただきたいと思います。特に、あと数年で、介護保険制度での要支援の人へのホームヘルプとデイサービスは打ち切られて、市区町村がそれを担《にな》わなければなりません。基本的な生存保障だけでなく、こうしたメリハリのきいた、一人ひとりの生きがいや幸せにつながる援助をしたいものです。それは、介護する人の生きがいにもなるのです。

三好春樹

『介護保険活用法Q＆A』目次

第2章 介護保険サービスの応用的な活用法Q&A

第3章 介護保険サービス内ではできないことQ&A

参考資料

本文ＤＴＰ／長橋誓子

第1章

介護保険サービスの基本的な活用法Q＆A

Q1

介護が始まりそうです。何から手をつけたらいいのでしょうか。

58歳のパートタイマーをしている主婦です。田舎で母と二人暮らしをしている85歳の父が、転んで脚を骨折してしまいました。現在は手術が終わって、まだ入院している状態です。

母は元気ですが、数年前から腰を痛め、父の介護を一人ではこなせないと思います。私も手伝いたいのですが、片道3時間もかかる遠方に住んでいるため、頻繁に帰省できないのが現状です。

この状態で父が退院してきたら、いったいどうしたらいいのかわかりません。何から手をつけたらいいのでしょうか。

A

お父様が脚の骨折で入院されたとのことですが、今後どうなるかはお父様がどこまで回復するかによって大きく変わります。また歩けるようになるのか、もう在宅の暮らしは難しくなってしまうのか、その時その状況によって今後の展開はさまざまです。

どちらにしても、**まず第一に介護保険サービスを使えるようにしておきましょう。**

今までは馴染みがなかったかもしれませんが、介護が始まるに当たって介護保険サービスは非常に重要です。要介護認定を受けて「介護が必要だ」と判断されれば、支給限度額までなら**多くの人が1割の自己負担で介護保険サービスを利用することができます。**※

40歳以上の人は毎月介護保険料を支払っているので、下の条件に合えば遠慮はいりません。介護保険サービスを使って、介護負担を軽減しましょう。

介護保険サービスを使える条件

【40～64歳の場合】

- 特定疾病
（末期ガン、関節リウマチ、筋萎縮性側索硬化症など）
によって介護が必要な場合
- 要介護１～5、
要支援１、２の
いずれかに認定されること
- 医療保険の加入者

【65歳以上の場合】

- 要介護１～5、
要支援１、２の
いずれかに認定されること

※一定以上の所得がある人は２割負担

✕ 介護保険サービスを使わず家族だけで介護を抱えこんだ場合（イメージ）

介護保険サービスを使って介護をした場合（イメージ）

ステップ1：地域包括支援センターに相談

介護保険サービスを使えるようにしようと思ったら、まずはお父様がお住まいの地域の「地域包括支援センター」に電話をしてみましょう。

地域包括支援センターとは、各地区に設置されている「高齢者のためのよろず相談窓口」です。高齢者の権利を守るために専門スタッフが常駐して、相談を受けたり、サービスを提供したり、困っている人を適切な窓口につなげたりしてくれます。

「買い物に行ける距離に一つ」というコンセプトで全国に多数設置されているので、インターネットや役所で調べてみるといいでしょう。

地域包括支援センターに電話をすれば、**介護保険の申請方法やどのようなサービスが利用できるかなど、今後必要な情報を細かく教えてもらえます。**

地域包括支援センターってどんなところ？

【おもな役割】

- 高齢者のための総合相談
- 要支援者のための介護予防ケアマネジメント
- 高齢者のための虐待防止や早期発見
- 地域のケアマネジャーのためのサポート

ステップ2：介護保険証を確認する

介護保険を申請するに当たっては、介護保険証が必要です。介護保険証は65歳以上の人には全員に郵送されてきますが、そのままでは使えません。**まずは要介護認定を受けるために、介護保険証を使って市区町村に申請する必要があります。**

ステップ3：市区町村の役場で申請する

それでは、介護保険サービスが使えるようになるまでの流れを見てみましょう。

介護保険サービスは、要介護認定を受けた人しか利用することができません。そこでまずは要介護認定を受けることで、「私は介護が必要な状態です」と証明することが必要です。

申請書は市区町村の役場にありますので、必要事項を記入して役場の窓口に提出しましょう。

申請書を提出したら、今度は認定調査です。どの程度の介護が必要なのか、調査員が自宅や病院まで確認しに来ます。

認定調査の結果と、主治医の先生が提出する意見書との総合的な判断によって、要介護認定が決定し、自宅に通知が届くしくみです。

要介護認定を受けるまでの流れ

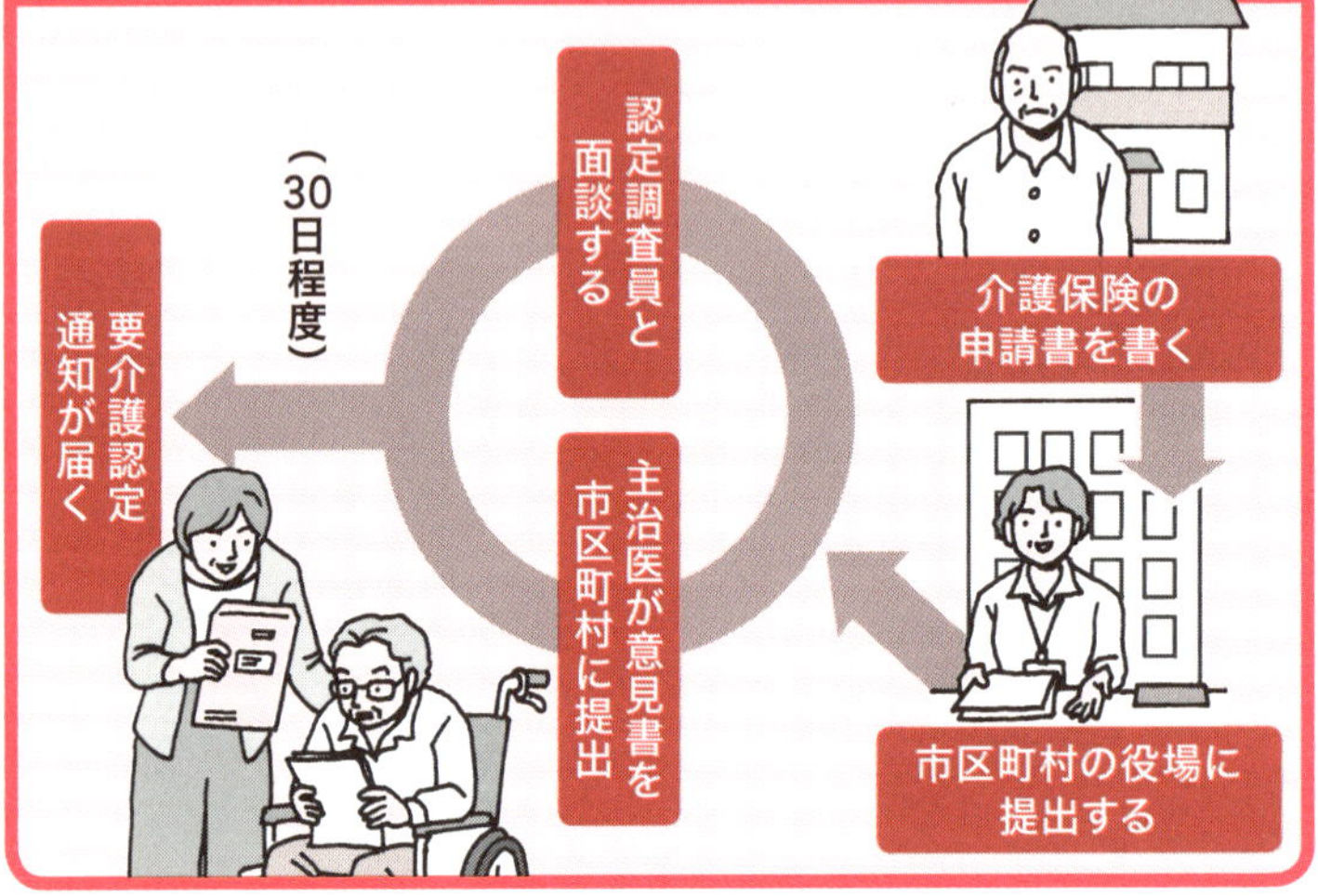

介護保険の申請書を書く
市区町村の役場に提出する
主治医が意見書を市区町村に提出
認定調査員と面談する
（30日程度）
要介護認定通知が届く

介護保険を利用するための申請書を提出しよう！

東京都豊島区の申請書です。市区町村によって書式が異なりますので、参考としてご覧ください

介護保険証に書いてあるので、見ながら記入しましょう

相談者のお父様のように現在入院中の人は、病院や施設の情報を記入します

最終受診日はだいたいの目安で大丈夫です

申請者が本人、または家族の場合は記入不要

申請年月日	平成　　年　　月　　日

審査No.

介護保険　要介護認定・要支援認定申請書

豊島区長
次のとおり申請します。
□1. 新　規　□3. 更　新　□4. 区分変更（要支援 ⇔ 要支援の変更／要介護 ⇔ 要介護の変更）
□2. 新　規（要支援 ⇔ 要介護への変更）
※ 上記の2・4の申請については「変更申請理由書」を添付してください。

被保険者	被保険者番号	0 0 0	生年月日	明治・大正・昭和　年　月　日（　歳）
	フリガナ			
	氏　名		性　別	男・女
	住　所	〒　-　（電話番号）　豊島区		
	介護保険施設又はそれ以外の施設に入所・入院しているとき（短期入所を除く）	該当するものに○をつけてください　介護保険施設・その他の施設	入所・入院施設名	
		（所在地）〒　-　（電話番号）（入所・入院期間：平成　年　月　日～平成　年　月　日）		
	前回の要介護状態区分	要介護（1　2　3　4　5）　要支援（1　2）		
	前回の有効期間	平成　年　月　日～平成　年　月　日まで		
	連絡者　フリガナ		続　柄	
	連絡者　氏　名		（電話番号）（携帯電話）	
	連絡者　住　所	〒　-		
	主治医　医療機関名		主治医氏名	（　科）
	主治医　最終受診日	平成　年　月（　日頃）		
	主治医　所在地	〒　-　（電話番号）		

提出代行者	名　称	地域包括支援センター・居宅介護支援事業所・指定介護老人福祉施設・介護老人保健施設・指定介護療養型医療施設　印　担当者
	住　所	〒　-　（電話番号）

◎第2号被保険者（40歳から64歳までの医療保険加入者）のみ記入

医療保険者名		医療保険被保険者証記号番号	
特定疾病名	※ 医療保険証の提示が必要です。		

下記の事項について同意します。
1、介護サービス・介護予防サービス計画作成等のために必要があるときは、要介護認定・要支援認定にかかる調査内容、介護認定審査会による判定結果・意見、及び主治医意見書を、地域包括支援センター、居宅介護支援事業者、居宅サービス事業者、介護保険施設の関係人、主治医意見書を記載した医師又は認定調査に従事した調査員に提示する。
2、保険給付の制限等に該当した場合、地域包括支援センター、居宅介護支援事業者、居宅サービス事業者、介護保険施設の関係人に情報提供する。

受付

本人氏名　ここは自署してください

★認定の結果通知は、原則としてご本人の住所地に送付いたします。（送付先変更の場合は、ご相談ください）

申請の際に必要なもの

- 申請書（役所にあります）
- 介護保険証
- 印鑑（必要ない市区町村もあります）

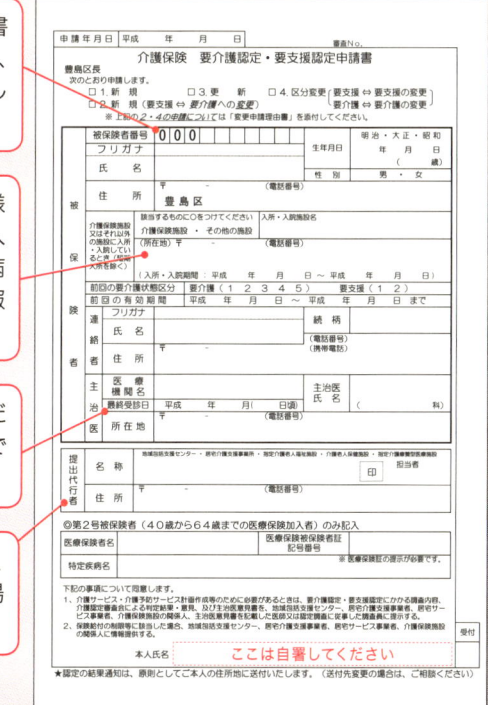

ステップ4：主治医に相談する

要介護認定を受けるために申請しようと思ったら、まずは日頃お世話になっている主治医の先生に相談しましょう。お父様のように入院している場合は、入院先の担当医に話すといいでしょう。

申請書を提出する際に、主治医の情報を記入する欄があります。ここに名前が書かれた**主治医には、市区町村から意見書を書くように依頼が行きますので、事前にお願いしておくことが大切です。**

この時に「実際どれほど体が大変か」「生活するのに困っていること」など、要介護認定を受ける理由をしっかりと伝えておきましょう。**主治医意見書は要介護度を決めるに当たって非常に重要です。また、要介護認定が下りたあとにサービス内容を決める際にも使われます**ので、しっかり状況を説明しておきましょう。

突然役場から意見書の提出を求められたら主治医の先生も驚くので、要介護認定を受けることを事前に相談して伝えておきましょう

Q 主治医は必要ですか？

ふだんはその都度さまざまな病院に行くので、特別「主治医」と言えるような医者はいません。

主治医は空欄でいいですか？

A 申請に主治医は必要です

これを機に主治医を決めましょう。今後、幅広い分野で相談できるよう、できれば近所の内科医や総合医がいいでしょう

Q 介護保険証が見つかりません

送られてきたのかもしれませんが、記憶にありません。
捜してみましたが、見つかりません

A 再発行してもらいましょう

市区町村の役場にある、介護関連の窓口で再発行してもらうことができます。まずは電話で確認してから、身分証を持って行きましょう

裏ワザ：認定前でもサービスを使おう

相談者のように退院したらすぐに困難に直面する場合など、要介護認定が下りるまで30日も待っていられない人もいます。あまり知られていませんが、**要介護度が決まる前に介護保険サービスを使うこともできるのです。**意外と早く退院が決まってしまって認定が間に合わない場合などは、地域包括支援センターのケアマネジャーに相談してみましょう。

実は要介護認定は、市区町村の役場に申請した日にさかのぼって有効になるのです。ですから、**申請日から認定結果が通知されるまでの間に利用したサービスも、認定された要介護度の支給限度額まで1〜2割負担で保証されます。**ただし、「通知が届いてみたら要介護認定が下りなかった」となった場合、全額自費負担になってしまうので注意が必要です。

また、相談者の場合はお父様が入院している間に要介護認定を受けることをおすすめします。というのも、**入院中は比較的要介護度が高めに出る傾向にある**からです。

要介護度というのは「どれだけ介護に時間を費やすか」という目安によって決定します。その点、入院中は全面的に管理されながら安静にしているので、「非常に介護が必要な状態」と判断されやすいのです。**要介護度が高めに出れば、1ヵ月に利用できる限度額が大きくなります。**それによって経済的負担も、介護者の肉体的な負担も大きく変わるので、非常に重要です。

予想より要介護度が低く認定されてしまい、差額を支払うはめに……

Q2

要介護認定の調査に来るそうです。何か気をつけるべきことはありますか。

脚を骨折して入院した父（85歳）の退院が迫ってきました。退院後に介護保険サービスが使えるように、申請書を役場に提出したところ、今度要介護認定の調査に来るそうです。

「要介護認定の調査」と言われても、何をするのかピンときません。それはどんなもので、私たちは何をすればいいのでしょうか。

私どもにとっては初めてのことなので、イメージがわきやすいように内容や注意点について教えてください。

A

介護保険サービスを利用するためには要介護認定を受けて、介護が必要な状態であることを証明する必要があります。その際に「どれだけ介護を必要としているのか」の指標となる**「要介護度」を決定するために、調査員と面談をするのが要介護認定の調査です。**

調査は基本的にはふだんの生活の場で行われます。在宅で生活している人であれば自宅で、施設に入居している人であれば施設で、そして質問者のお父様のように入院中であれば病院です。調査員と喫茶店で待ち合わせて面談をする、というようなことはありません。

そもそもこの調査は、現在の生活がどのように営まれていて、どこに困難があるのかを調べるためのものです。スムーズに話を進めるために多少の準備をしておいたほうが安心ですが、**基本的にはいつもの暮らしをそのまま見てもらえばいいと考えましょう。**

調査の前にしておきたい準備と心構え

認定調査を行うに当たっては、まずは調査員から電話連絡が来ます。そこで訪問日時を決定するので、主介護者である家族が同席できる日を指定するといいでしょう。

一日中予定が空いている日である必要はありません。調査にかかる時間はせいぜい40分から1時間程度なので、2時間ほどまとまった時間がとれる日であれば十分です。

調査で聞かれる項目の中には、よく考えないと答えられないような質問もいくつかあります。その場になって焦って頭が真っ白にならないように、**事前に下の項目についてメモをつくっておくといいでしょう。**あとで「あれを言えばよかった」という後悔を減らすことができます。

事前にメモしておきたい情報

- 今までにかかった病気やケガ（何年何月）
- ふだんはどの程度介護を必要としているか
- 家族の状況（仕事やスケジュールなど）
- 現在、生活するうえで困っていること
- 季節や時間帯によって変わる症状
- 日頃の介護の様子がわかる日記や介護記録のようなものがある場合は用意しておく

また、たとえば高齢者だけの住まいの場合などに「調査員が来るから片づけないと」と言って、ふだんと違うことをする人もいます。しかしこの調査は、日常生活の質をチェックするためのものです。体がしんどくて日頃なかなか片づけができないのであれば、そのままの散らかった家を見てもらいましょう。**いつもより頑張るのは、生活の困難度が伝わりにくくなるので逆効果です。**

また、同席する家族は口を出し過ぎないように注意しましょう。あくまで本人がどれだけの判断力や認識力があるかを見る調査なので、**本人よりも先に家族が受け答えをするのは禁物です。**

調査員はあらゆる角度から観察しているので、ありのままを見せよう

認定調査で聞かれる、おもな質問項目

それでは、実際の認定調査ではどのようなことを聞かれるのでしょうか。

調査項目は大きく分けて、次の6つの内容があります。調査員の目で見てわかる内容は調査員の判断で記入していくので、全ての内容を質問されるわけではありません。

認定調査で聞かれる内容

身体機能や動作について

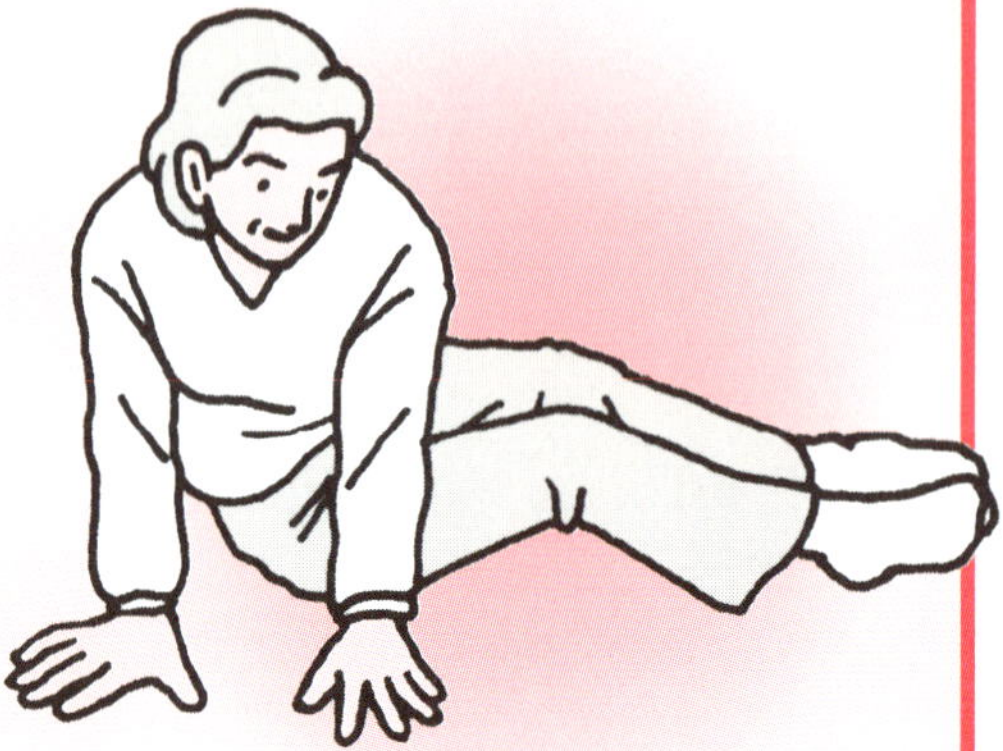

- 体にマヒはありますか
- 寝返りはできますか
- 自分で起き上がれますか
- 座っていられますか
- 立ち上がれますか
- 歩けますか
- 片脚で立てますか

認知機能について

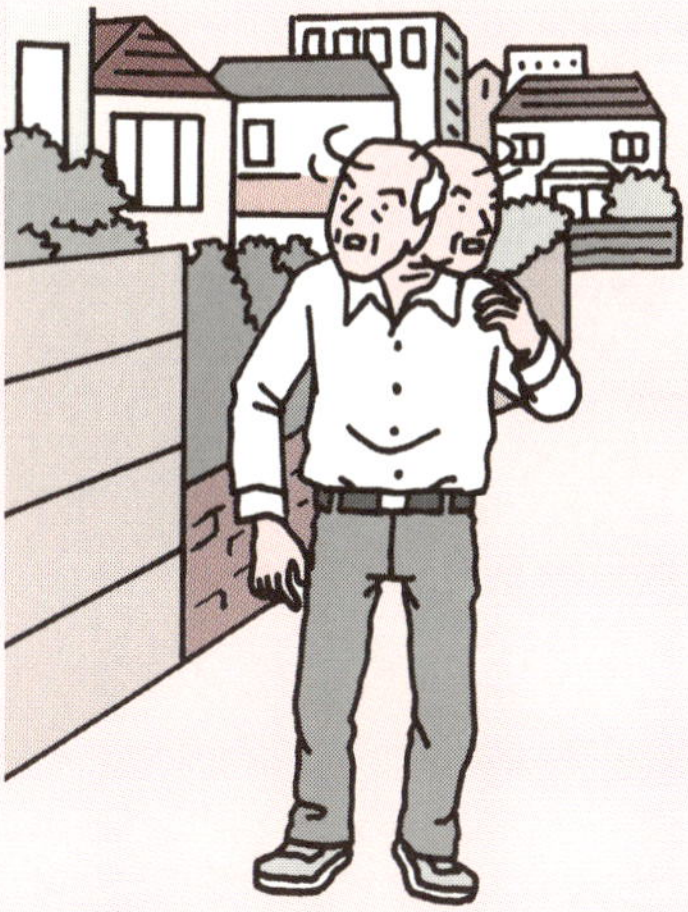

- 日課を理解できますか
- 名前を言えますか
- 生年月日は言えますか
- 迷子になりませんか
- 意思を伝えられますか
- 季節がわかりますか
- 1時間前何をしていたか思い出せますか

生活機能について

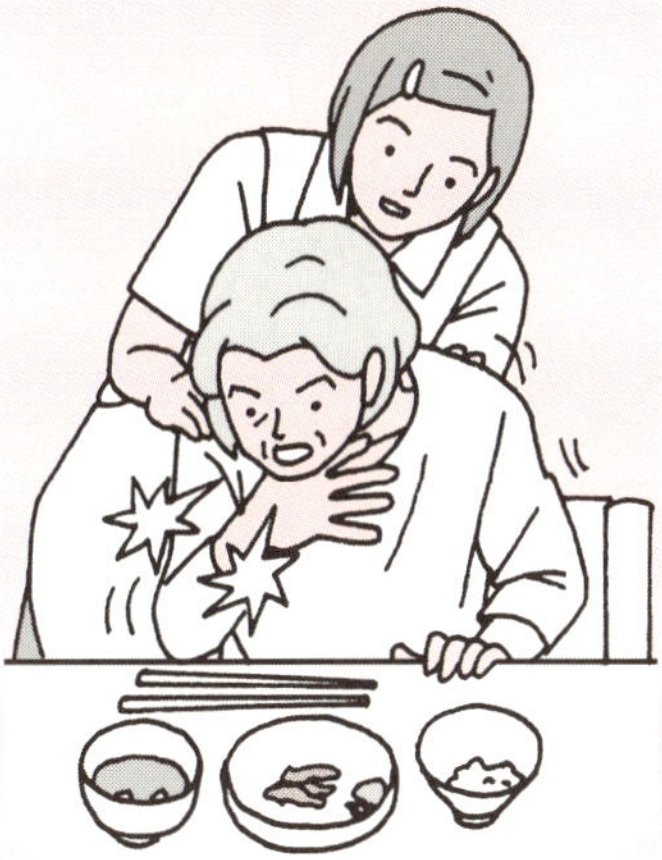

- お風呂に入れますか
- 爪は切れますか
- 視力はどうですか
- 聴力はどうですか
- 食事は飲み込めますか
- トイレはできますか
- 歯磨きはできますか
- 着替えはできますか

認定調査で聞かれる内容

社会生活について

- 薬の管理は自分でできていますか
- お金の管理は自分でできていますか
- 買い物に行けますか
- 集団の中で仲良く生活できますか
- 簡単な料理は作れますか

気持ちや行動について

- 「盗まれた」など、被害妄想的になることがありますか
- ペラペラと嘘をつくことがありますか
- 昼夜逆転はありますか
- 徘徊しますか
- 暴れて物を壊したり、大声を出すなどの困った行動がありますか
- 「家に帰る」と言って出ていこうとすることがありますか
- ひどい物忘れがありますか

過去14日間で受けた医療行為について

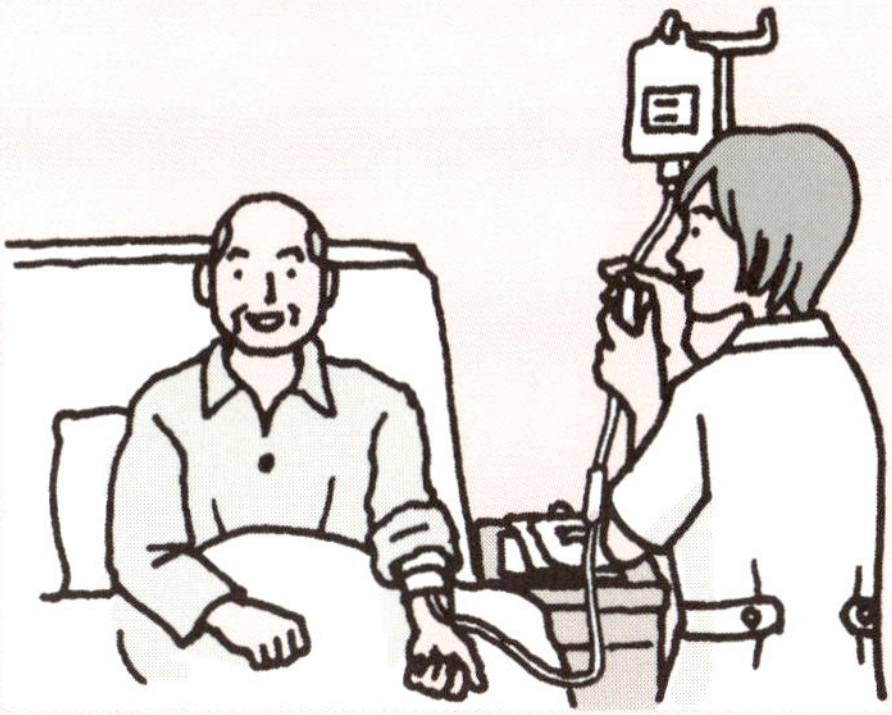

- 点滴
- 透析
- 中心静脈栄養
- 人工肛門の処置
- 酸素療法
- 人工呼吸器
- 気管切開の処置
- 疼痛の看護
- 経管栄養
- 血圧、心拍、酸素飽和度の測定
- 褥瘡《じょくそう》の処置
- カテーテルの処置

要介護認定は、介護保険サービスをどの程度その人に割り振るか決定づける非常に難しい判断です。都道府県や地域、調査員の性格などの条件によって結果に大きなズレが起きては、公正さに欠けてしまいます。ですから認定調査は**全国共通の「認定調査票」によって行い、コンピュータ処理によって決定する**ことで公正さを保っているのです。

質問項目以外で困っていることについては「特記事項」の欄に直接記入されます。

よくあるトラブル❶ 認定調査を拒否する

要介護認定の調査でよくあるトラブルとしては、拒否が挙げられます。**介護保険サービスのお世話になりたくないがために、調査を受けること自体を本人が拒否するのです。**

介護保険制度は2000年に始まったもので、今のお年寄りが若い頃は存在していませんでした。その頃は、お年寄りの面倒は家族が見るのが当たり前の時代だったからです。

その時代の価値観で生きているお年寄りにとって、公的なサービスを利用したり、家族以外の人に世話をされるのは恥ずかしいと感じてしまうのかもしれません。また、律儀な性格の人であれば、40歳以上の国民全員が支払っているお金を自分が使うのは申し訳ないと感じている方もいるでしょう。

なかには自分が老いていることに気がつかず、介護をされている認識もなく、まだまだ元気だと思いこんでいる人もいます。

理由はどうあれ、認定調査を受けて要介護認定を受けないと、介護保険サービスを使うことはできないのです。何としても調査だけは受けてもらわなければなりません。

この場合、本人のプライドに配慮した嘘をつくのも方便です。たとえば「市の職員が75歳以上の人全員に健康調査をしに来るらしい」とか「国で統計をとるために、80歳以上の人は全員テストをするらしい」などと**国の制度にしてしまう方法があります。**または、お友達に頼んで「何かと便利だから要介護認定を受けた。あなたも受けたほうがいいよ」と説得してもらったり、**お世話になっている主治医の先生から話してもらうのも有効です。**

本人の気持ち

年老いてきたことを認めたくない

他人の世話になるようになったら私も終わりだ
まだできる

プライドを傷つけないための嘘も有効

法律で決まったみたいで△歳以上の人には役所からの調査があるんですって
まぁ

よくあるトラブル❷ 調査員の前でいつも以上に頑張ってしまう

もう一つ、認定調査を受けるときに頻繁に起こるトラブルがあります。それは**「認定調査のときだけ本人がいつも以上に頑張ってしまって、正確な要介護認定が下りない」という問題です。**

どんなに深い認知症でも、片マヒでも、末期ガンの患者であっても、人間というのは家族以外の人の前だと自然と頑張ってしまいます。できないことも「できる」と言ってしまうし、ふだんは一人で歩けなくても、調査員の前では大股で元気に歩こうとしてしまうものなのです。

こうなると家族は困りますから、ついつい調査の途中で「違います」と口を出したくなってしまいます。

しかし、本人にもプライドがあるのです。本人の前で間違いを指摘してしまうと傷つけたり、不信感が生まれてしまいます。それで意地を張られてしまうと、介護保険サービス自体を拒絶されかねないので注意が必要です。

調査で嘘をついてしまったり、排泄関連の失敗などのデリケートな話題は、**本人がいないところでこっそりと伝えるようにしましょう。**

調査員の帰りがけに、家の外まで送りがてら、あらかじめ用意しておいた「実際にはどれほど大変で困っているか」を書き留めた**メモを渡すのです。それらは特記事項の欄に書き加えられて、認定の材料にしてもらえます。**

×
調査の途中で
家族が口を出す
違います
確かにトイレは自分で行くけど失敗もしますし……

○
調査員の帰りがけに、
こっそりとメモを渡す
では失礼します
そこまで送ってくるね

認定調査で決定する「要介護度」とはいったい何？

要介護度は、病気の数や症状の重さで決まるわけではありません。本人の状態そのものよりも、**「どれだけ介護に時間と手間を取られているか」によって決まるのです。**たとえば、物忘れが激しい認知症のお年寄りがいるとします。よく物をなくすけれど、本人も周りの家族もあまり気にせず放っておける状態なら要介護度は低く出ます。

一方、同じ物忘れでも、大切なものをなくしてはパニックを起こし、家族を巻きこんで捜し物をさせるのであれば、「介護に手間を取られている」ということになるのです。この場合、要介護度は高めに出ます。

そもそも**要介護度というのは、まだ元気で介護をするほどではない「要支援1、2」から、全面的に介護が必要な「要介護5」までの7段階に分かれています。**その大まかな目安と、利用できるサービスの限度額は次のとおりです。

要介護度 低
もの忘れがひどくって
そう？みんなこんなものよ
要介護度 高
もの忘れがひどくって
そのたびに家族みんなで捜さなきゃならなくて大騒ぎです

要支援

要支援１

● 日常生活の能力は基本的にあるが、入浴などに一部介助が必要

ひと月の支給限度額
５万円程度

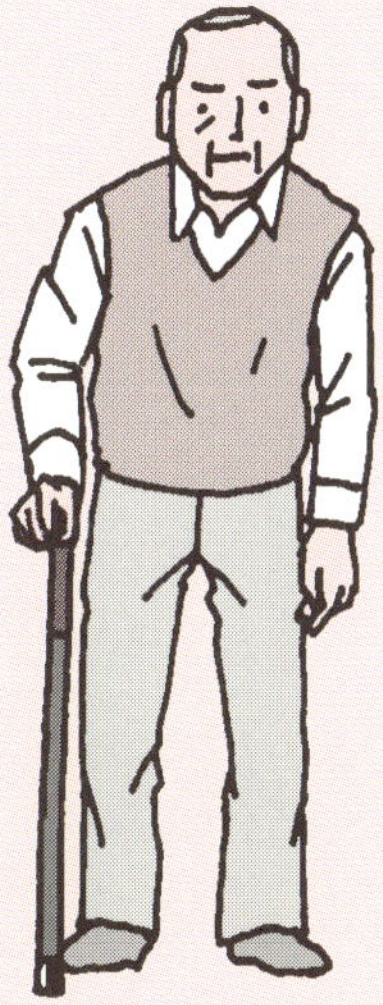

要支援２

● 立ち上がりや歩行が不安定。排泄、入浴などで一部介助が必要であるが、「適切なサービス利用により、明らかな要介護状態に移行することを防ぐことができる可能性がある」

ひと月の支給限度額
10万円程度

参考：大阪府堺市（支給限度額内であれば、本人負担は使った額の１～２割。オーバー分は全額自己負担）

要介護

要介護 1

- 立ち上がりや歩行が不安定。
排泄、入浴などで一部介助が必要

ひと月の支給限度額
16万円程度

要介護 2

- 起き上がりが自力では困難。
排泄、入浴などで一部または全介助が必要

ひと月の支給限度額
20万円程度

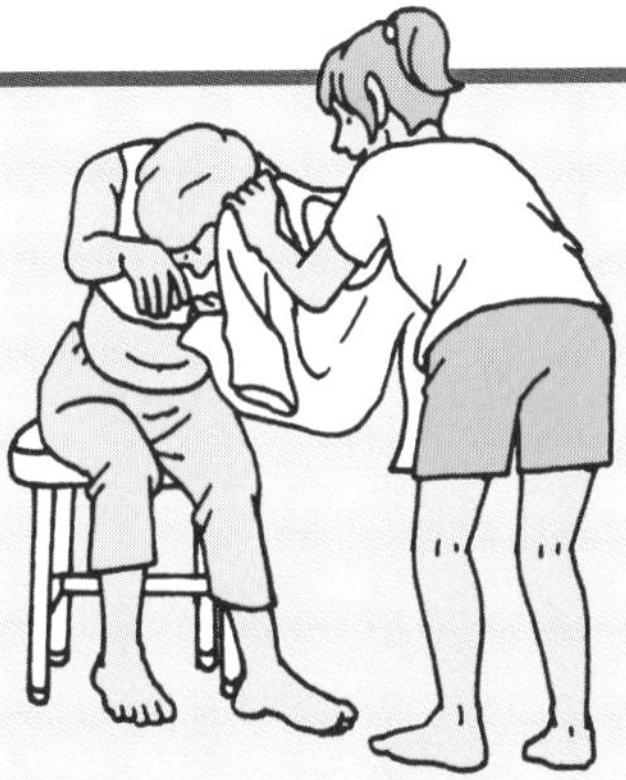

要介護３

●起き上がり、寝返りが自力ではできない。排泄、入浴、衣服の着脱などで全介助が必要

ひと月の支給限度額
26万円程度

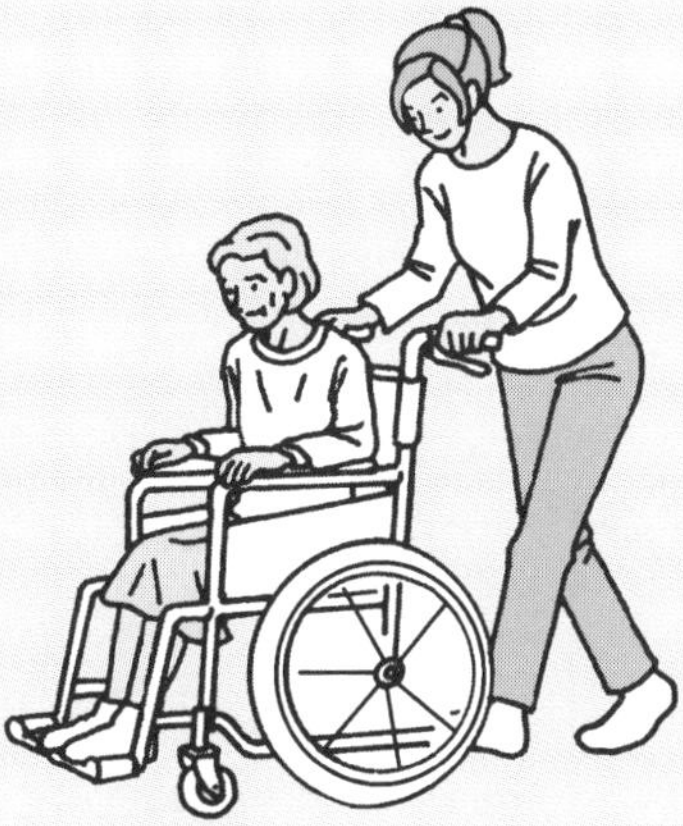

要介護４

●排泄、入浴、衣服の着脱など多くの行為で全面的介助が必要

ひと月の支給限度額
30万円程度

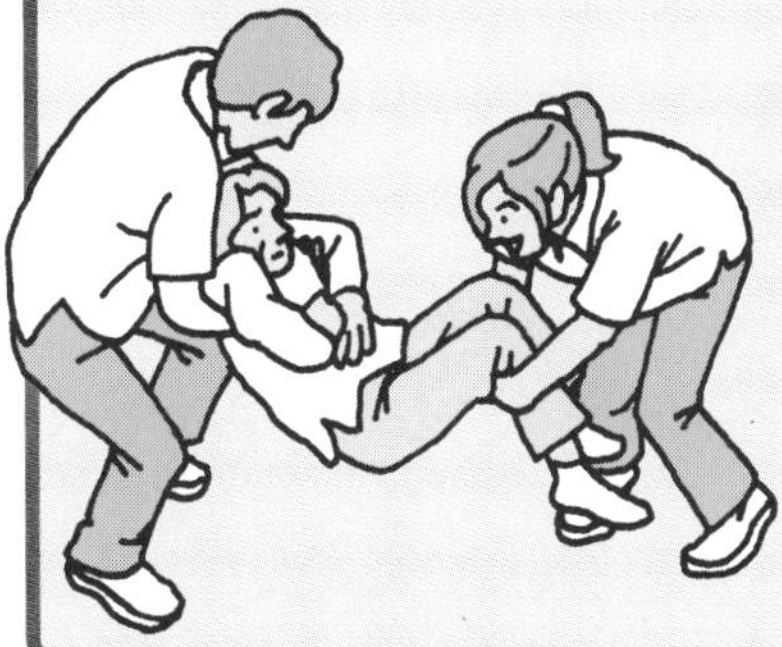

要介護５

●生活全般について全面的介助が必要

ひと月の支給限度額
36万円程度

支給されるのはサービスであって、現金ではないことにご注意ください。支給限度額内の使わなかった分が戻ってくることもありません

認定調査の結果に不満がある場合

認定調査のときに本人があまりに張り切ってしまった場合や、調査のあとに急激に状態が悪化した場合などは、**再調査を依頼することができます。**なるべく早めに担当の調査員に連絡をして、再度日程の調整をしてもらうといいでしょう。

一方、要介護認定が正式に下りてしまったあとで認定結果を覆すのは、少々難しいと言えます。一度決定された認定の取り消しを求めるというのは、行政不服審査法に定められた「行政の処分に対する不服申立制度」の一つに当たる行為だからです。結果が出るまでに数ヵ月程度の時間がかかります。

どうしても納得がいかない場合は「要介護度が変化した」ということで認定を受けなおすほうが現実的です。担当のケアマネジャーに相談しましょう。

不服申し立ての流れ

市区町村に問い合わせる

認定の理由や根拠について、市区町村の担当窓口に問い合わせましょう

主治医に意見を聞いてみる

認定結果がおかしいと思ったら、主治医にも相談してみましょう。介護認定調査会に意見書を書いてもらうのも有効です

都道府県に訴える

通知を受け取ってから60日以内に、都道府県が設置している「介護保険審査会」に対して不服申し立てをしましょう

Q3

要介護認定を受けると、どうなるのでしょうか。

認定調査から1ヵ月後。待ちに待った認定通知が届きました。父（85歳）は要介護2と認定されたようです。無事に認定が下りたのはよかったのですが、このあとどうしたらいいのかがわかりません。

要介護認定を受けたあと、適切なサービスを受けるためには何をどうしたらいいのでしょうか。

A

要介護認定の結果は非該当、要支援（1か2）、要介護（1～5のいずれか）に分かれます。

認定結果が要支援だった人が受けられるサービスは「介護予防サービス」です。まずは認定結果を持ってお近くの地域包括支援センターに行きましょう。**要支援の人の窓口は地域包括支援センターに一元化されていて、使えるサービスの説明や手続きは全てそこで行われます。**

一方、認定結果が要介護だった人が最初に行うのは、ケアマネジャーを探すことです。担当のケアマネジャーが決定したら、「どのサービスをどのくらい利用するか」というケアプランを作成してくれます。ケアプランをサービス担当者会議で精査して、サービス事業者と契約をすれば、いよいよサービスの利用開始です。

要介護認定を受けたあとの、代表的な流れ

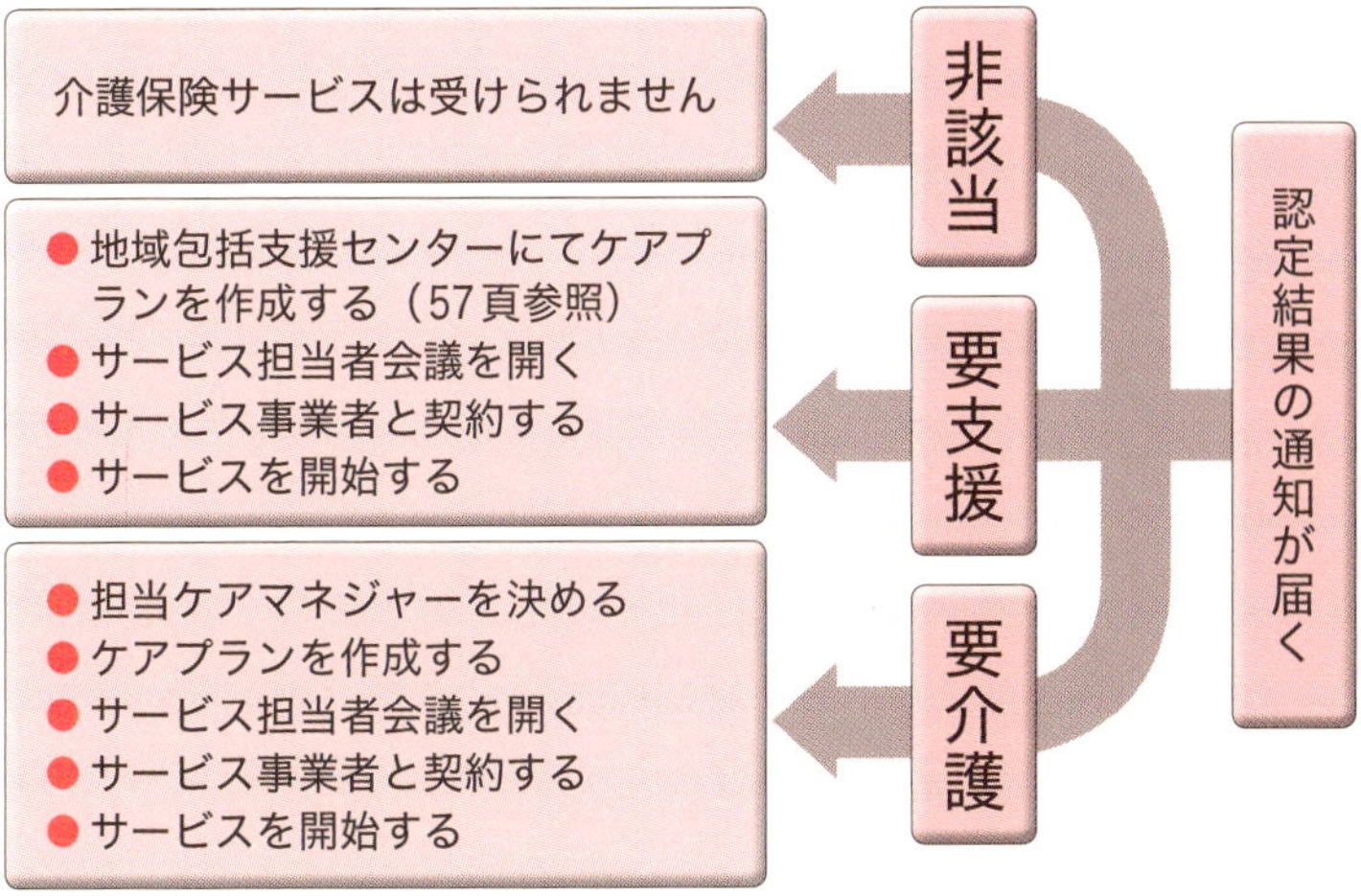
認定結果の通知が届く
非該当
介護保険サービスは受けられません
要支援
地域包括支援センターにてケアプランを作成する（57頁参照）
サービス担当者会議を開く
サービス事業者と契約する
サービスを開始する
要介護
担当ケアマネジャーを決める
ケアプランを作成する
サービス担当者会議を開く
サービス事業者と契約する
サービスを開始する

認定結果の通知が届く

介護保険を申請してから1ヵ月を目安に、認定結果の通知が郵送されてきます。この通知で「要支援」もしくは「要介護」に認定されていれば、介護保険サービスが利用できます。

通知が届いたら、**「認定結果」の欄に書いてある要介護度と、認定の有効期間を確認しましょう。**

同封されている介護保険証にも同様に認定結果と有効期間が記載されているので、間違いがないか確認します。また、介護保険証で「毎月どの程度サービスを利用できるのか」を示しているのが支給限度額です。同時に確認しておきましょう。

結果の通知を本人ではなく代理人に送ってほしい場合は、申請書を提出する際に「送付先変更届」を提出することが必要です。

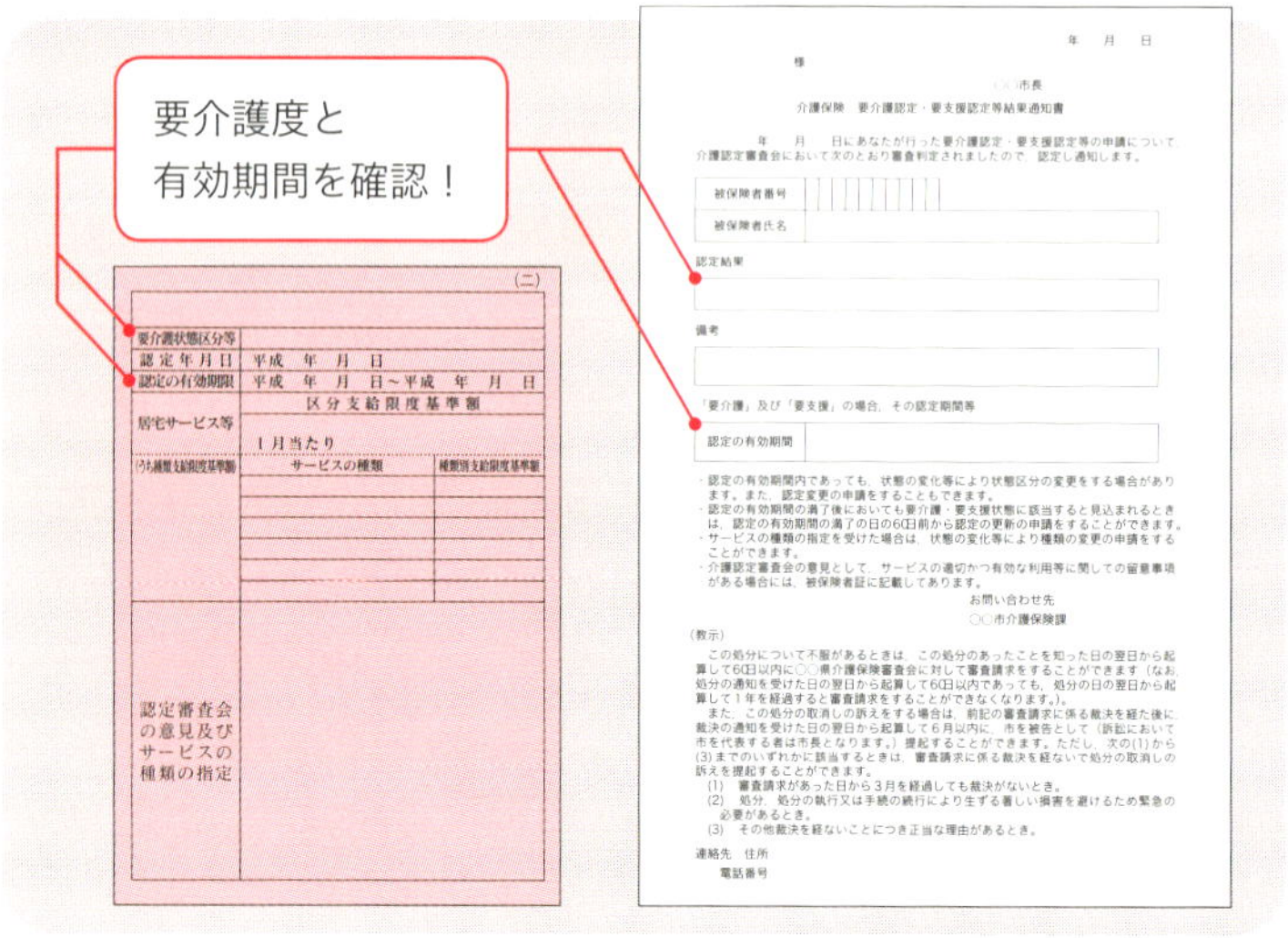

参考：福岡県福岡市

更新・変更の手続き

要介護認定は一度受けたらそのままずっと続くのではなく、自動車の運転免許のように一定期間ごとに更新します。変更事項の届け出もお忘れなく！

【要介護認定の更新】

有効期限の60日前になったら、更新申請を行うことができます。忘れることがないように、なるべく期間終了前に余裕を持って手続きを終わらせておきたいものです。市区町村の窓口で申請しましょう

【要介護認定の変更】

本人の心身の状態に変化があって現在の要介護度と合わないと感じた場合、更新時期を待たなくても随時変更申請をすることができます。手続きは20～21頁とほとんど同じです

【転居した場合の届け出】

施設への入居や、お子さん世帯との同居などをきっかけに転居することもあります。その場合はかならず市区町村の窓口に「住所変更届」を提出しましょう。有効期間内であれば、転居先の市区町村であらためて申請しなくても、同じ要介護度のままです

いいケアマネジャーを探す

要介護1～5になったら、まずはケアマネジャーを探します。**ケアマネジャーとは一緒にケアプランをつくったり、サービス事業者と連絡を取ってくれたり、利用料金の計算をするなど、介護保険サービスを利用するに当たってのガイド役です。**

市区町村の窓口に行くと、「居宅介護支援事業所リスト」がもらえます。その事業所の中から自分に合ったケアマネジャーを選ぶのが一般的です。

ケアマネジャーの中には、元看護師や元介護福祉士など、専門知識を持っている人がいます。介護中心のサービスを希望する場合は介護系のケアマネジャーを、病気などの関係で医療系のサービスが多くなりそうな場合は医療系出身のケアマネジャーを選ぶといいでしょう。

ケアマネジャーの選び方

- 複数の事業所に電話してみて、対応を比較してみる
- 「医療系」「介護系」などの特色で選ぶ
- 自宅から近い事業所に連絡してみる
- 近所での評判を聞いてみる

○ いいケアマネジャー

- 話をよく聞いてくれる
- 本人のために、いろいろと提案をしてくれる
- 何かをお願いしたときの対応が早い
- 専任ケアマネジャーである（介護職兼任だと忙し過ぎる傾向がある）
- 勤続年数がある程度長い
- 担当件数が多過ぎない（月40件を超えた分はケアマネジャーの報酬を下げられますが、可能性としては60件以上もありえます）
- 話しやすい、相性がいい

✕ 悪いケアマネジャー

- 初回の面談で契約を急ぐ人（ケアプランを見せてもらって、家族で検討してから決めたほうが安心です）
- 自分が所属する事業所のサービスを強要したり、自分の事業所の利益を優先したケアプランを立てる人
- サービス事業者との間でトラブルがあったときに、味方になってくれない人
- 気軽に足を運んでくれず、フットワークが重い人（毎月の訪問は必須です）

ケアプランを作成する

担当のケアマネジャーが決定したら、現在困っていることなどを伝えて、一緒にケアプランを作成しましょう。**ケアプランとは「どのサービスを、いつ、どのくらい利用するのか」をまとめた「介護（予防）サービス計画」のことです。**ケアプランを事前につくり、それに沿ってサービスを利用した場合には、基本的に1～2割の自己負担ですみます。

利用者置き去りプラン完成
家族
よくわからないのでお任せします
はい、お任せください
8割うちの事業所でいいか
デイサービスとホームヘルパーと……
あと○千円分余るな……
訪問入浴を入れちゃうか！
本人
リハビリしたかったのに入ってない…訪問入浴って何だ？
ケアプラン

✕ プランの内容を丸投げすると、納得がいかない結果になることも

ケアマネジャーとよく相談を

最初にケアプランをつくるときには、ケアマネジャーに本人や家族の意向を十分伝えることが大切です。

その前にまず、本人や家族が、①介護保険で使えるサービスには、どのようなものがあるのか、②この要介護度だと、月にどれだけの介護保険サービスが使えるのか、を知らなければなりません。まずはこの2点を教えてもらい、③その枠内で、自分たちにとって最適なサービスの組み合わせを考えてもらいましょう。

ケアマネジャーに伝えたいこと

- 本人の現状（何ができて、何に苦労しているのか）
- どの部分をいちばん改善したいのか
- これまでどんな人生を歩んできて、どんな価値観の人なのか
- 家族の都合や希望（時間帯や曜日の希望）
- 頼みたいサービスや予算の希望

具体的なケアプランを決定する

本人や家族の要望を聞いたケアマネジャーは、ケアプランの原案をつくってくれます。本人や家族はその内容をチェックしますが、大切なことは「当事者とケアマネジャーが一緒につくる」という姿勢です。「ケアプランは、ケアマネジャーがつくってくれるもの」「ケアマネジャーは最適なケアプランをつくってくれるはず」と思っている当事者は、長い介護生活を乗り切れません。**介護保険制度を使いこなすためには、何より利用者の主体性が必要になります。**

ケアプランをチェックするときのポイントは何でしょうか。介護保険は自立支援のためにあるので、どんな自立度をどう高めると書いてあるかを見ましょう。それと同時に、できないことばかりに目を向けず、できる能力を使って日常を活動的にすごす工夫がしてあるかどうかが大切です。

納得できるケアプランができたら、先に進みましょう。

ケアプランを決定する際のチェック項目

- □ 1週間の生活の流れを思い浮かべて、介護者の負担が軽減されそうか
- □ 最初から詰めこみ過ぎて、本人が疲れてしまわないか
- □ よく考えてみるといらないな、という項目はないか
- □ 保険外負担の分も含めて、希望の予算内に収まっているか
- □ 支給限度額までに、ある程度の余裕があるか（あとどれくらい追加で利用できるか）

実際のケアプラン（イメージ）

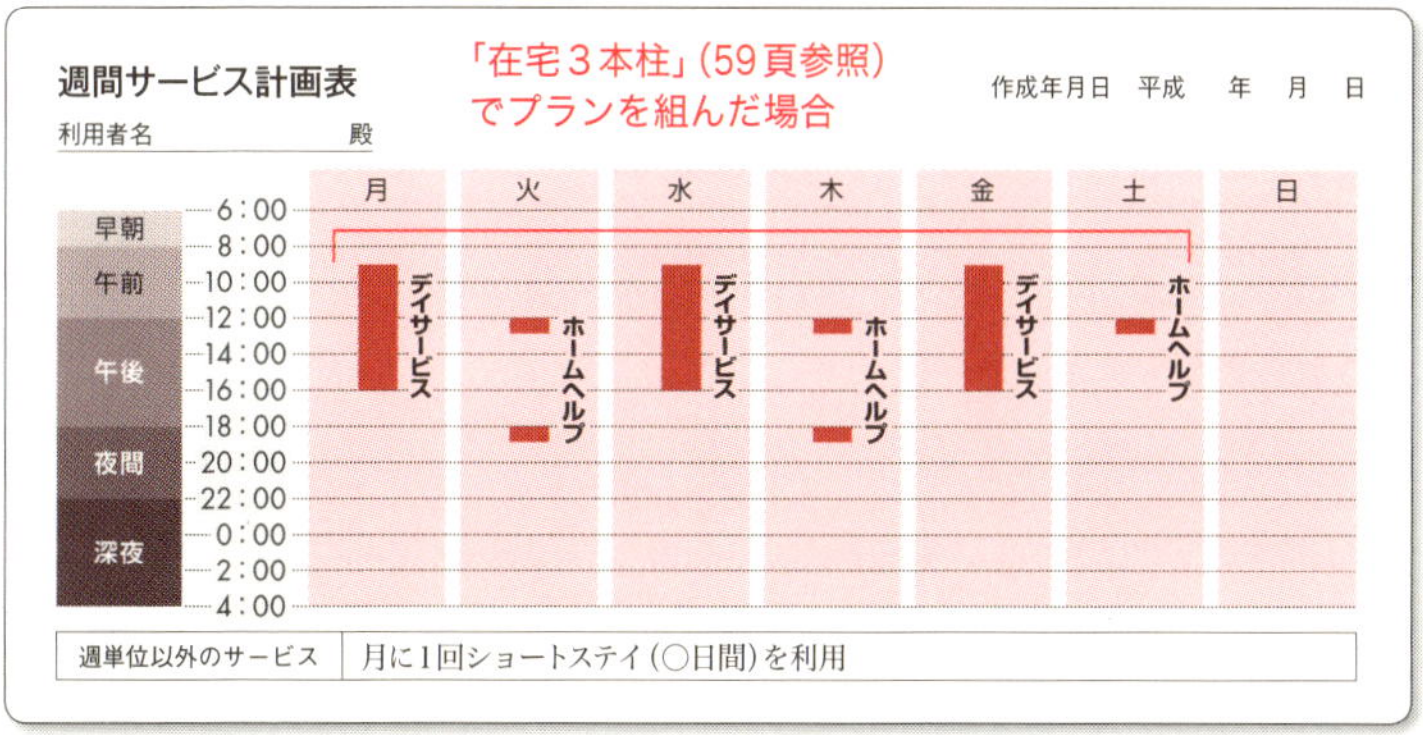
週間サービス計画表
利用者名　殿
「在宅３本柱」（59頁参照）でプランを組んだ場合
作成年月日　平成　年　月　日
月
火
水
木
金
土
日
早朝
午前
午後
夜間
深夜
6:00
8:00
10:00
12:00
14:00
16:00
18:00
20:00
22:00
0:00
2:00
4:00
デイサービス
ホームヘルプ
週単位以外のサービス
月に1回ショートステイ（○日間）を利用

- 週末は介護漬けで疲れるし、本人も2日間閉じこもってばかりいるので、月曜日はデイサービスを入れる
- 金曜日は習い事に行きたいので、デイサービスを入れる
- 月曜日と金曜日の間をとって、水曜日にデイサービスを入れる

サービス担当者会議を開く

ケアプランが新たに開始されるとき、要介護度に変更があったとき、本人の状況に変化があったときなどに開かれるのがサービス担当者会議です。ケアマネジャーが招集し、在宅介護の場合はおもに本人の住まいで開催されます。

集まるのは、下のイラストに描かれたようなメンバーですが、本人の身体状況によっては医療関係者も参加する必要があるでしょう。介護保険サービスの中に居宅療養管理指導というサービスがあるので、これを使うと医者に自宅に来てもらい、療養上の指導をしてもらうことができます。

サービス担当者会議の目的は、ケアプランの原案の検討、本人の情報の共有、それぞれが実施するサービス内容を知ることによる相互連携の確認などです。

必要なときにこの会議を開いてくれないケアマネジャーに対して、本人や家族は開催を要求することができます。

サービス事業者と契約する（重要事項説明書の確認）

介護サービス事業者は、**利用予定者がその事業者を利用するかどうかを判断するために必要な要素を、事前に文書で示して同意を得なければなりません。**この書類を重要事項説明書といいます。

重要事項説明書には、事業者（法人）の概要、事業目的や運営方針、営業時間、責任者の氏名、サービス内容、利用料金、キャンセル料、緊急時の対応、苦情相談窓口などが記載されているのが一般的です。

本来はこれらの内容をじっくり検討して（あるいはほかの事業者のものと比較して）契約に進むべきですが、通常、重要事項の説明は契約と同時に行われます。

これは、ケアマネジャーが一つのサービスに対して一つの事業者しか連れてこないためです。多くの場合、本人や家族は、その事業者を利用することになります。

ケアマネジャーの選び方

契約書や重要事項説明書の良し悪しを判断するために、モデル案と比較してみるのもいいでしょう

日本弁護士連合会
介護保険サービス契約のモデル案（改訂版）
http://www.nichibenren.or.jp/contact/information/kaigohoken.html

サービス事業者と契約する（契約書の確認）

重要事項の説明に納得して、本人が重要事項説明書に署名、捺印すると、契約書（利用契約書）へと進みます。契約書は、万一裁判になった場合に役立つような堅苦しい法律用語で書かれているものが一般的です。

ここでも、契約内容の確認ができたら本人が署名、捺印して契約が成立します。介護保険制度が「利用者と事業者との契約に基づく」と言われるのは、このように契約書を交わすからです。

最初の事業者選びは、とりあえず試してみるつもりで始めましょう。前に結んだ契約を破棄しなければ次の事業者と契約できないわけではないので、**気に入らなければほかの事業者と契約して、本人と相性のいい事業者を利用すればいいのです。**

契約の前に気をつけたいこと

- 体調不良により急にキャンセルする場合はどのような扱いになるのか
- ケガや事故、物を壊したなどのトラブルが起きたとき、損害賠償はどうなるのか（サービス事業者が損害保険に入っているか）
- 苦情の相談窓口が設置されているか
- 契約期間やサービス内容、料金などがわかりやすく書かれているか

要支援1、2に認定された人のケアプランについて

要介護認定で要支援1、2になった人は、介護が必要にならないように「介護予防サービス」を受けることができます。その窓口は、地域包括支援センターです。

要支援の人が受ける介護予防サービスは、してもらうだけのサービスではなく、本人の自主性を高めなければなりません。そのため、たとえば介護予防訪問介護のヘルパーは、本人ができないところを手伝いながら、掃除、洗濯、買い物、料理などを一緒に行います。

目標達成のためのケア
老化のために食べる力が低下し、体も弱くなってきた夫
食べたくない…
要支援2に認定されました
介護予防のデイサービスに週2回通い始めると
今日は体操をしてな！
口腔ケアの時間に
入れ歯が合ってなかったんだな
義歯のアドバイスも受け、食欲が戻ってきました
今度2人で旅行に行きます
舟盛り付きか！
そうよ～
ずっと目標にしていたので楽しみです

Q4

具体的にどのような介護保険サービスがあるのでしょうか。

要介護2の父（85歳）の在宅介護が始まりました。主介護者は82歳の母です。典型的な老老介護なので、母から毎日のように電話が入り、いろいろな相談を受けます。

ケアマネジャーからは、「とりあえず、在宅3本柱でいきましょう」と言われたそうですが、そのあとに続いた介護保険用語を覚えられなかったために、母は「在宅3本柱とは何か」と聞いてきました。

また、それ以外にはどんな介護保険サービスがあるのかも知りたいそうです。うまく説明する方法を教えてください。

A

在宅3本柱というのは、ホームヘルプ、デイサービス（またはデイケア）、ショートステイのことです。

在宅介護ではこの3つが柱になることから、ケアプランは通常この3つをバランスよく取り入れた形で組まれます。相談者はまだお父様のケアプランを見ていないようですが、次回帰省なさったときに確認してください。

お母様は、それ以外の介護保険サービスも知りたいとおっしゃっていますので、おもなものを解説します。その際、下のイラストのように、「自宅で受けるサービス」「通いで受けるサービス」「入居して受けるサービス」に分けて説明すると、初心者でもすんなり頭に入って便利です。

相談者のご両親は在宅介護を選択なさったようなので、前の2つを詳しく説明します。

タイプ1：自宅で受けるサービス

下の図で紹介した介護保険サービスは、自宅で受けるおもなサービスです。制度上の分類で言えば、①③はその他のサービス（毎月の支給限度額とは別に限度額が設けられたサービス）、②④⑤⑥⑦⑧は居宅サービス、⑨はその地域の人しか受けられない地域密着型サービスに分けられます。

相談者がお母様に説明する場合は、ひとまとめにして**「自宅ではおもにこんなサービスが受けられるよ」と言って構わないでしょう。**そうでもしなければ、介護保険制度は複雑過ぎます。介護の仕事を始める人は詳しいテキストで学ぶ必要がありますが、利用者はこれで十分です。

なお、ご両親の地元にどんなサービス事業者があるかは、帰省したときに調べてください。

自宅で受けるタイプのサービス一覧

① 住宅改修	② 介護用品レンタル
③ 介護用品の購入	④ ホームヘルプ（訪問介護）
⑤ 訪問看護	⑥ 訪問入浴介護
⑦ 訪問リハビリテーション	⑧ 居宅療養管理指導
⑨ 定期巡回・随時対応型訪問介護看護	など

自宅❶ 住宅改修

在宅で介護しやすいように左のイラストのようなリフォームを行いたい場合、**介護を受けている人ひとりにつき、要介護度にかかわらず20万円まで使えます**※**（要支援1～要介護5、自己負担額は1～2割です）。**役所への事前申請が必要なので、ケアマネジャーへの相談が欠かせません。

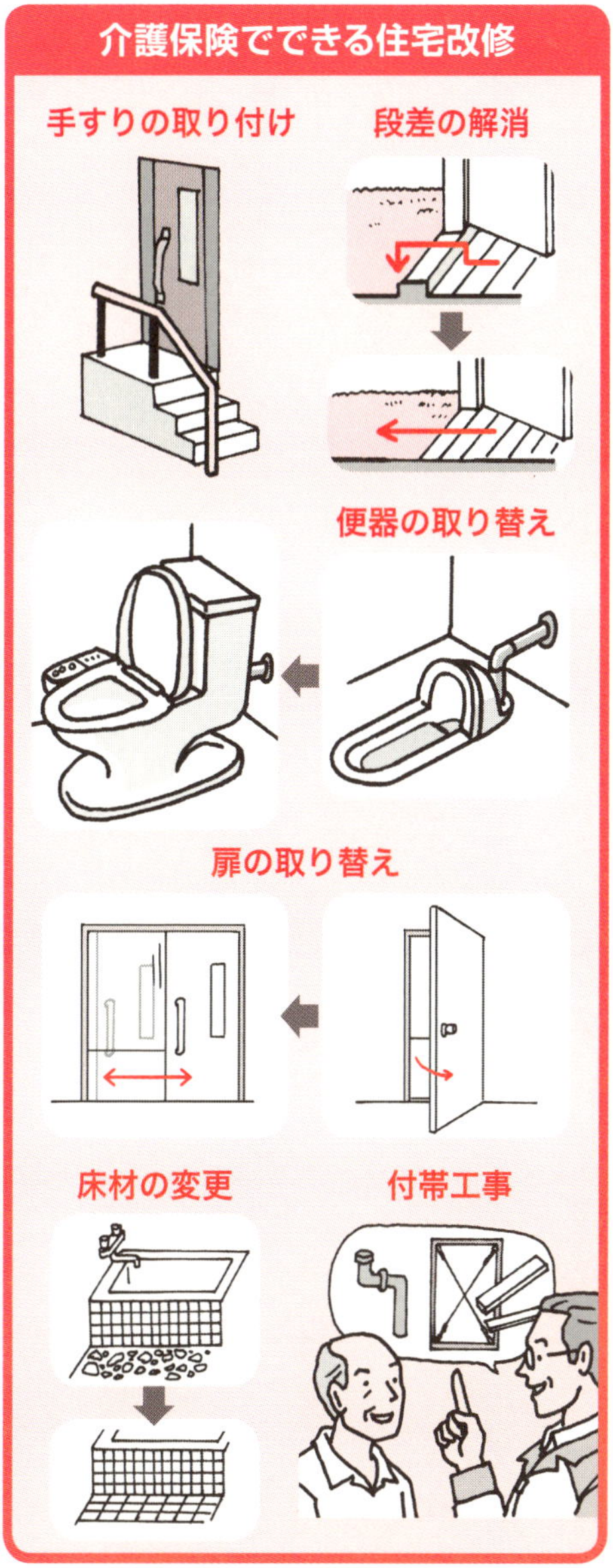
介護保険でできる住宅改修
手すりの取り付け
段差の解消
便器の取り替え
扉の取り替え
床材の変更
付帯工事

※20万円を何回かに分けて使うこともできます。
要介護度が大幅に上がった場合や転居した場合は再度利用が可能です

自宅❷ 介護用品レンタル

下の囲みの中で上の1列（歩行器、杖、スロープ、手すり）は、要支援1、2や要介護1の人でも借りることができます。2列目以下の介護用品は、要介護2〜5の人しか借りることができません（しかし、身体状況によっては例外も認めているので、資格がなくても必要であれば市区町村の窓口に問い合わせてください）。

床ずれ予防用具を借りるなら、動きが制限されるエアマットではなく、自発的な動作を妨げない高反発マットがおすすめです。

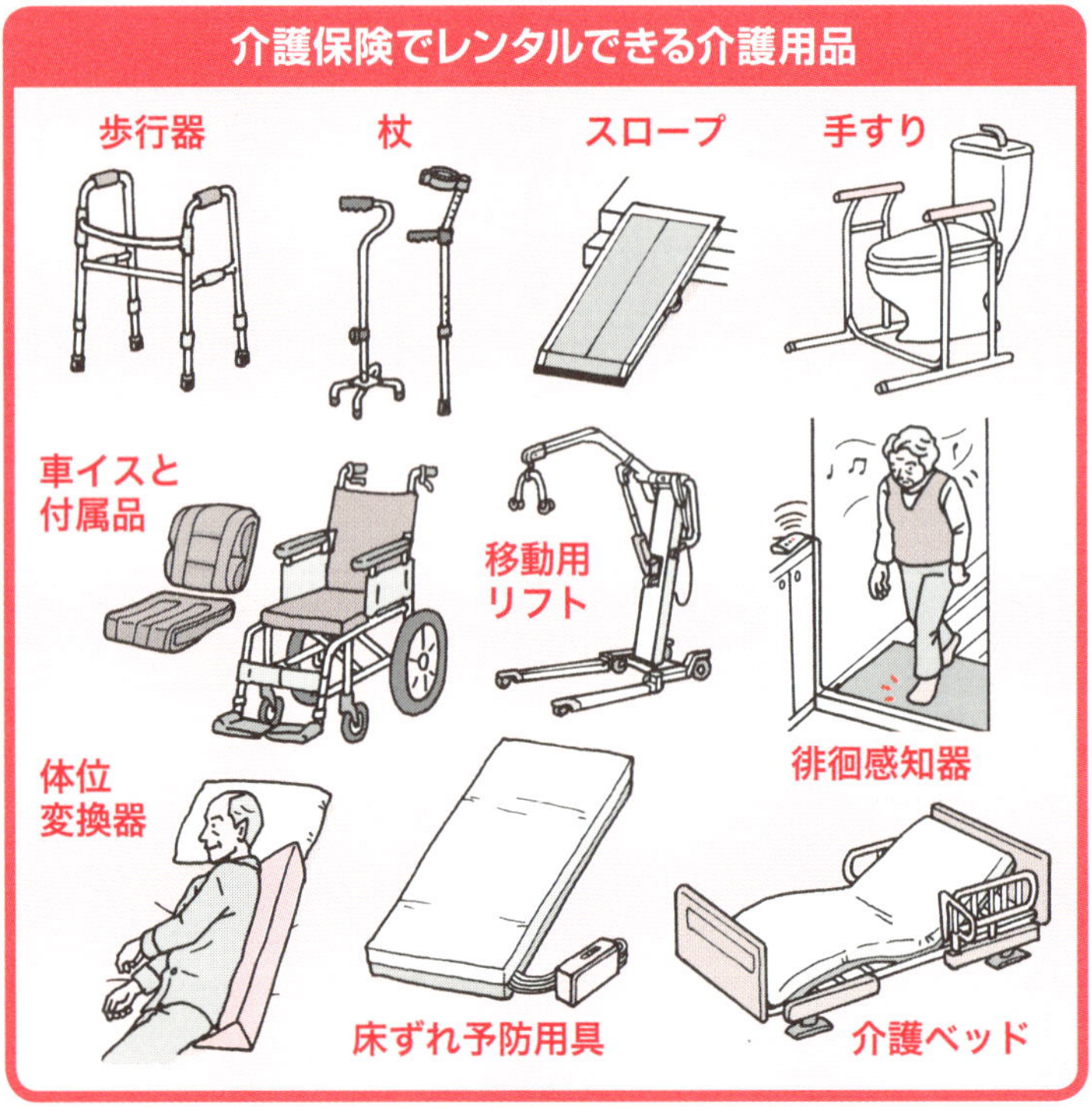

介護保険でレンタルできる介護用品
歩行器
杖
スロープ
手すり
車イスと付属品
移動用リフト
徘徊感知器
体位変換器
床ずれ予防用具
介護ベッド

自宅③ 介護用品の購入

右頁のレンタルは、有資格者であれば**月々のレンタル料の1～2割で借りることができます**。一方、介護用品の購入は、**レンタルに馴染まない排泄や入浴の用品を1～2割の負担で購入できる制度です**。要介護度にかかわらず、1年間（4月～翌年3月）に10万円まで使うことができます。

対象は、都道府県や政令指定都市から指定を受けた販売事業者から購入した用品だけです。いったん全額を支払い、申請して8～9割の払い戻しを受けます。

介護保険で購入できる介護用品

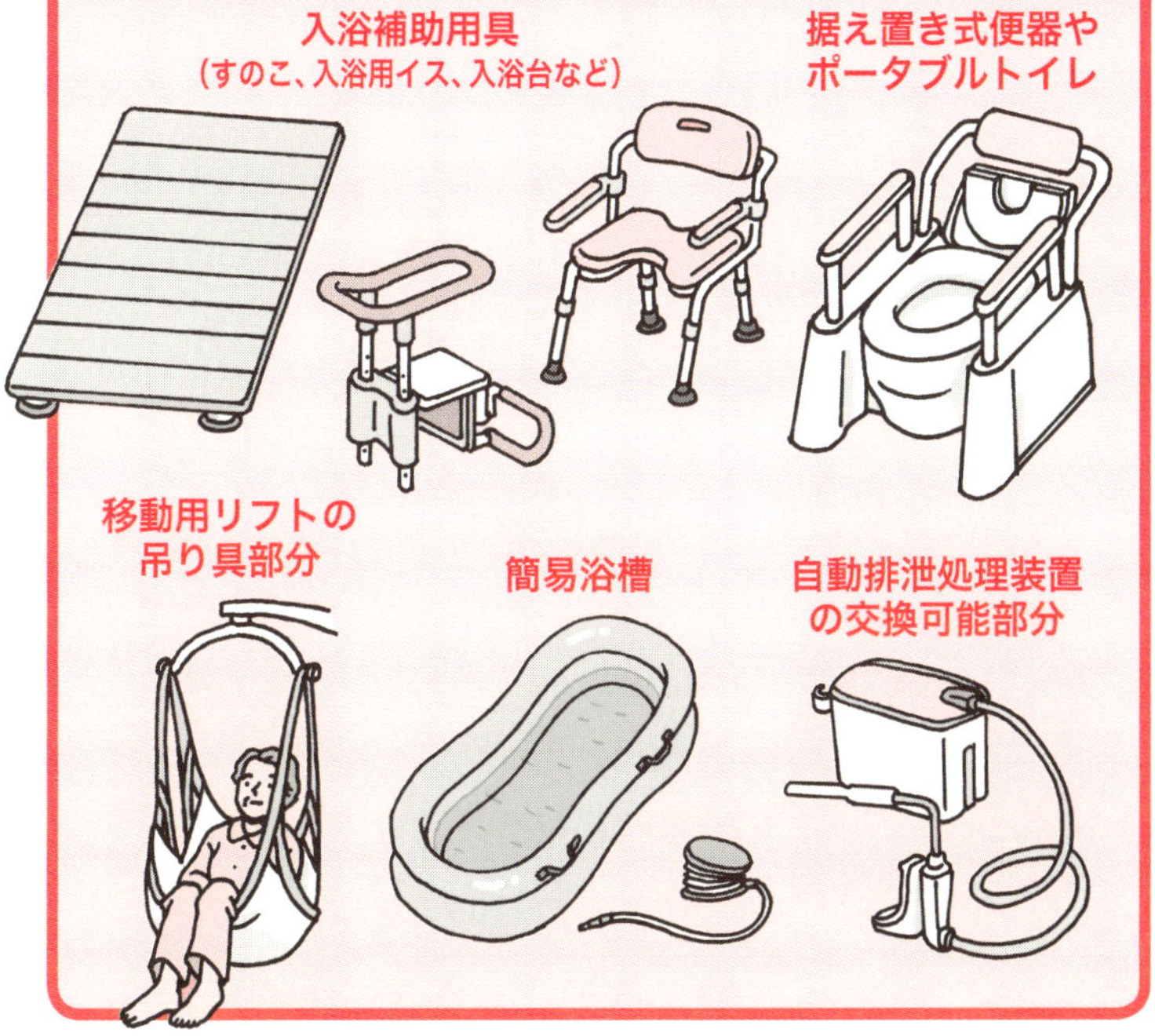
入浴補助用具
（すのこ、入浴用イス、入浴台など）
据え置き式便器や
ポータブルトイレ
移動用リフトの
吊り具部分
簡易浴槽
自動排泄処理装置
の交換可能部分

自宅❹ ホームヘルプ（訪問介護）

ホームヘルパー（訪問介護員）が利用者の自宅を訪問し、身体介護や生活援助（左頁参照）を行うサービスです。昔は家庭奉仕員と呼ばれ、おもに低所得の独居老人宅で生活援助を行っていました。２０００年に介護保険制度が始まるとホームヘルプも組みこまれ、訪問介護という名称になったのです。

相談者のご実家では、具体的に何をしてもらっているのでしょうか。骨折で入院したお父様を腰が痛むお母様が介護しているのですから、身体介護がメインかと思われます。

というのも、多くの自治体では介護者が同居していると生活援助を受けさせてもらえないからです。厳しい自治体は、生活援助を受けられる条件を、要介護者が一人暮らしで同居者がいないか、同居者が病気や障害で家事ができない場合に限っています。

これは、**同居者が「高齢」「介護疲れ」「仕事で不在」のときは生活援助が使えるとする厚生労働省の指導と矛盾するものです。**

ヘルパーのサービス内容による料金の違い

身体介護	20分以上30分未満	245単位
生活援助	20分以上45分未満	183単位

同じヘルパーであっても、身体介護をする場合は生活援助をするよりも料金が割高になります。単位を料金に換算する方法は、巻末の参考資料をご覧ください

ホームヘルプの要件が厳しくなったのは、介護保険が利用者の「権利」と理解され、「保険料を払っているのだから、使わなければ損だ」と考える人が多くなった影響かもしれません。そのため、ホームヘルパーをお手伝いさんと混同してしまい、要介護者のためだけに派遣されていることを理解できない人がいたことは事実です（詳しくはQ14参照）。**利用するのであれば、ホームヘルパーのできることとできないことをしっかり理解しましょう。**

また、「通院等乗降介助」を行う介護タクシーも、訪問介護の一種です。

ヘルパーのサービス内容

身体介護

利用者本人を直接援助するサービスです。排泄介助、食事介助、入浴介助とその準備や後始末、清拭、整容、更衣、歩行介助、移乗介助、通院介助、服薬介助などがこれに当たります。

生活援助

利用者が生活するうえで必要なことを援助するサービスです。掃除、洗濯、調理、日用品の買い物、薬の受け取り、などがこれに当たります。詳しくはQ14を参照してください。

自宅❺ 訪問看護

訪問看護を提供するのは、病院、診療所、訪問看護ステーションなどです。主治医の指示とケアプランに基づいて、看護師、准看護師、保健師などが利用者の自宅を訪問し、療養上の世話を行います。必要に応じて、理学療法士、作業療法士、言語聴覚士など医療関係者も訪問します。

訪問看護は、1991年から始まった制度です。最初は医療保険が使われていましたが、2000年以降は介護保険が優先されるようになりました。左頁の下の囲みのように、末期ガンや指定された難病などの場合は医療保険の適用になるので、支給限度額がありません。

訪問看護が本当に威力を発揮するのは、在宅で看取りを行う場合です。夜間や緊急時に対応してくれる事業所もあるので、「濃厚な医療や延命を行わず、安らかな最期にしたい」と考えている本人や家族の心強い味方になります。

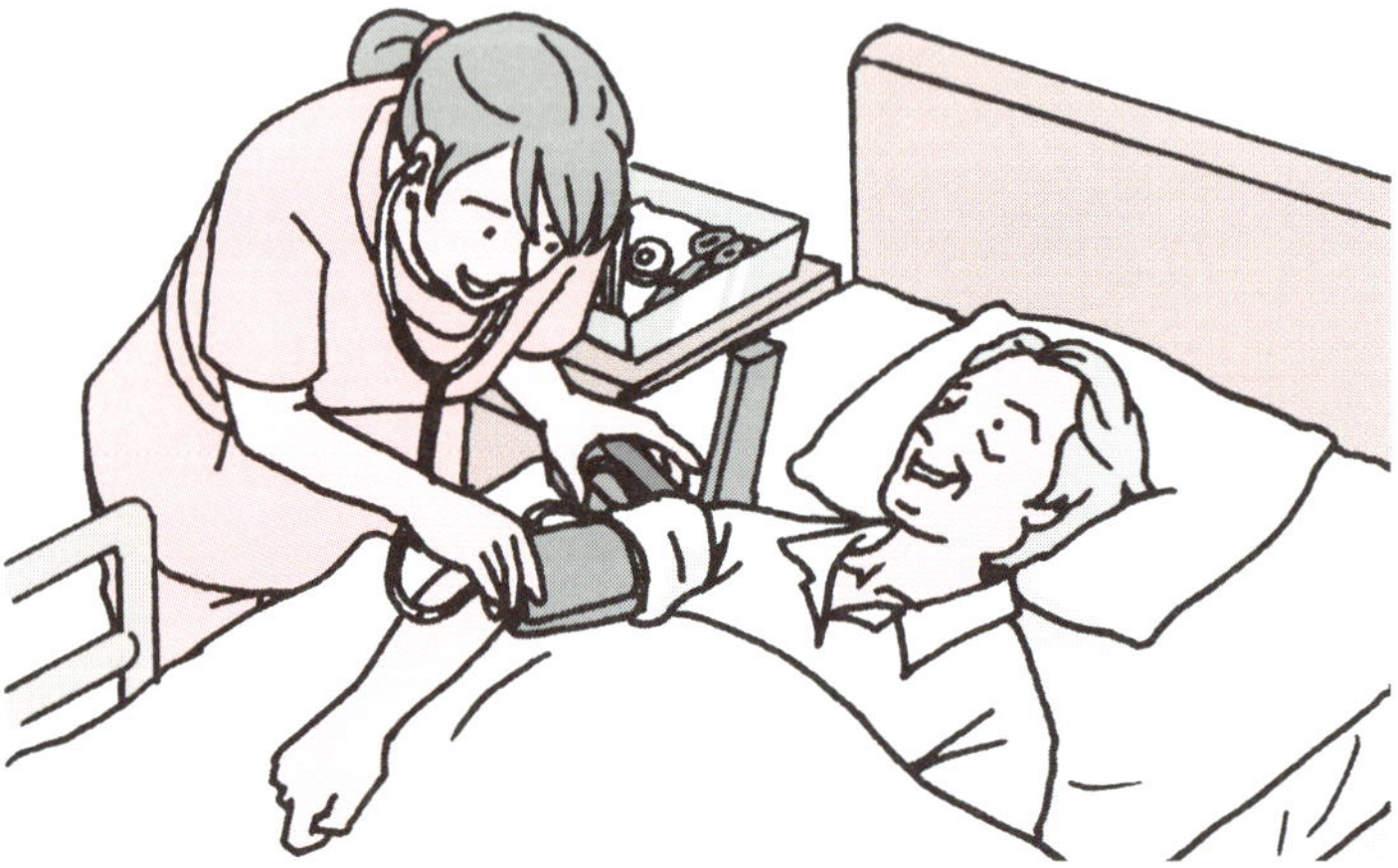

訪問看護のサービス内容

- 病気の状態観察や管理
（呼吸、体温、血圧、脈拍などのチェックを含む）
- 自宅における医療行為
（痰《たん》の吸引、点滴、在宅酸素の管理など）
- 清拭
- 床ずれの処置
- 食事の管理
（食事介助、経管栄養の処置や管理を含む）
- 終末期におけるターミナルケア
- 排泄の介助や便秘の処置
- 療養指導や看護方法のアドバイス　など

医療保険が適用される病気

1 末期ガン

2 指定された難病の患者
※多発性硬化症、重症筋無力症、筋萎縮性側索硬化症（ALS）、
パーキンソン病、人工呼吸器を装着している患者など

3 急性増悪《ぞうあく》などで、一時的に頻繁な看護が必要であると医者が指示した場合（14日まで）

4 精神科訪問看護

自宅❻ 訪問入浴介護

ふつうのお風呂に入れない人のために、自宅に簡易浴槽を持ちこんで、寝たまま入浴させてくれるサービスです。通常は看護職一人、介護職2人で行いますが、利用者の状態が安定しているときは（主治医の意見を確認したうえで）、介護職だけで訪問し、入浴させることもあります。

訪問入浴介護は歴史あるサービスなので、介護保険制度が始まった時点で組みこまれましたが、家族は準備や後片づけが大変です。入浴させたいのなら、ホームヘルパーの身体介護か訪問看護を使えば、介護職か看護職が一人で家のお風呂に入れてくれます。さらに、**デイサービスやデイケアへ行けば入浴させてもらえるので、そちらのほうが家族に負担がかからず、現実的だと言えるでしょう。**

在宅介護を維持するコツは「引きこもらず、外へ出る」ことなので、私はデイでの入浴をすすめています。

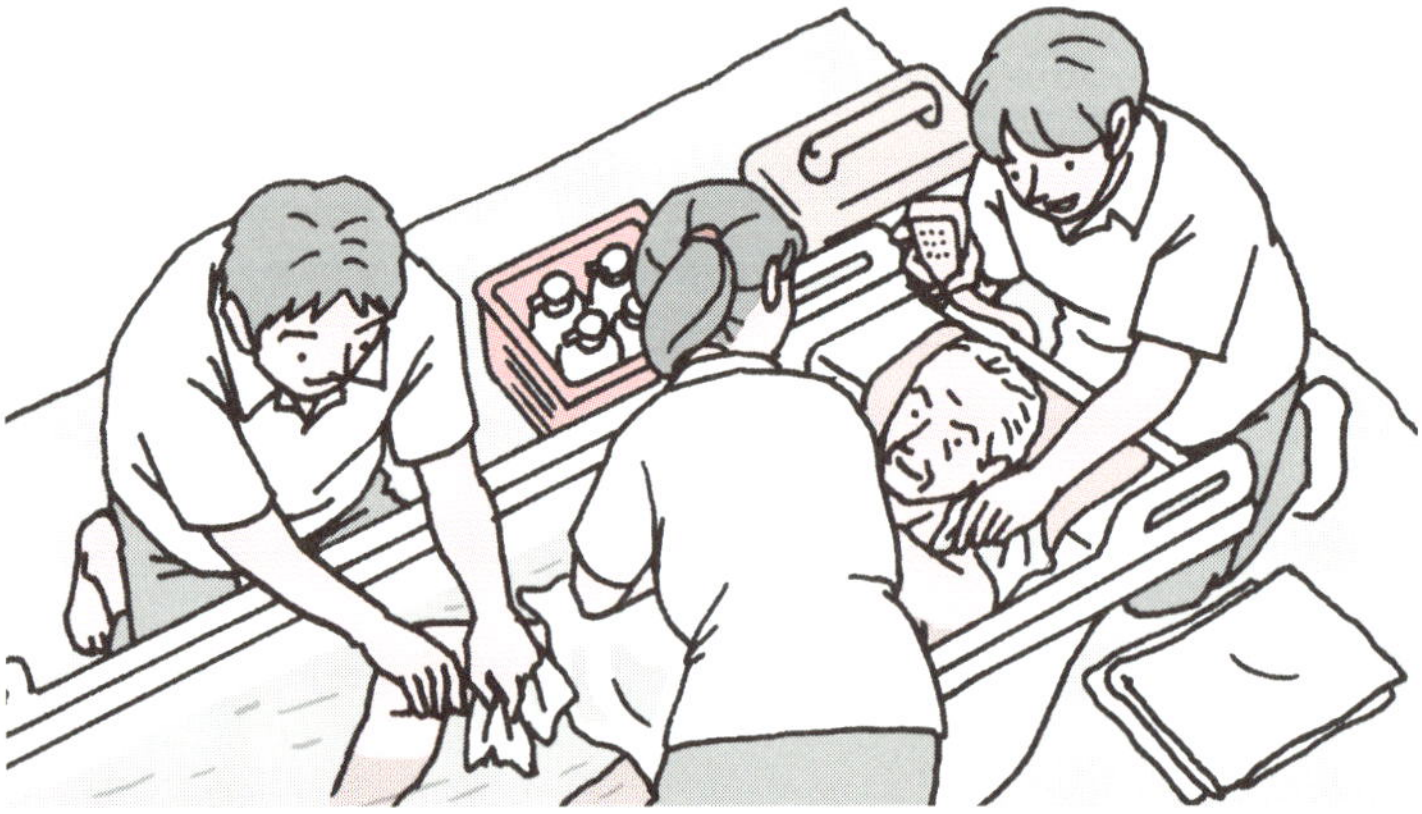

自宅⑦ 訪問リハビリテーション

デイケア（通所リハビリテーション）に行くことが難しい人に、自宅で機能回復訓練を行うサービスです。 病状が安定し、かつリハビリが必要と主治医が認めた人を対象に理学療法士、作業療法士、言語聴覚士が訪問します。

派遣しているのは病院、診療所、老健（介護老人保健施設）などですが、入院中に受けていたリハビリを退院後も継続するために、入院していた医療機関のサービスを使うケースが多いようです。また、2006年からは自宅だけでなく、特定施設を訪問することもできるようになりました。

集団的な訓練が嫌いで、1対1の訓練を好む人が希望するサービスでもありますが、その場合は閉じこもりになると危険です。週に2～3回、20分ほどリハビリを受けてあとは自宅にいるよりも、**デイケアに出かけて大勢の人に会ったほうが、行き帰りを含めていいリハビリになります。**

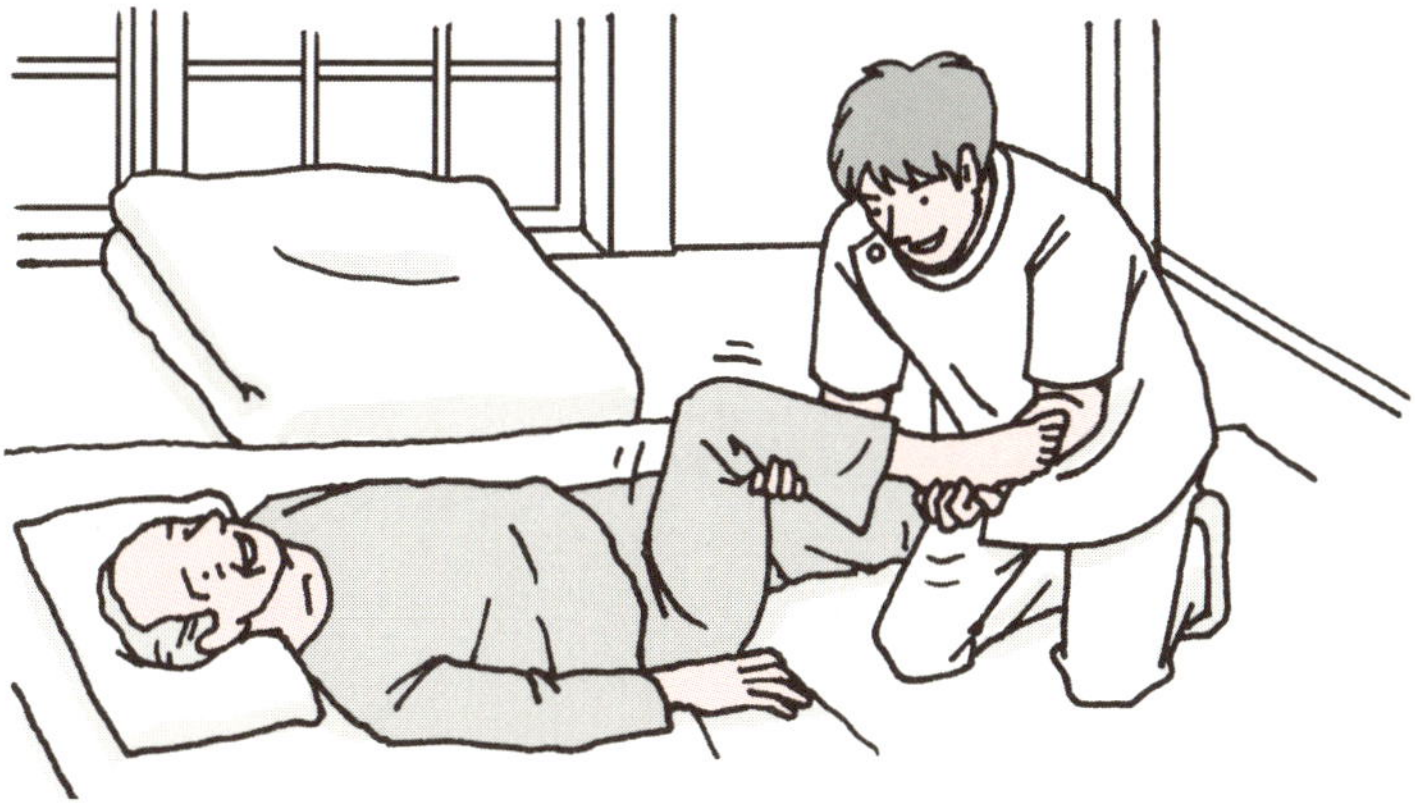

自宅❽ 居宅療養管理指導

療養上の管理や指導が必要であるのに通院できない人を対象として行われるサービスです。訪問するのは医者か歯科医、歯科衛生士、薬剤師、管理栄養士などで、それぞれの専門分野からアドバイスや説明が行われます。

医者が来る場合でも、往診ではないので医療行為は行いません。また、このサービスはケアプランに組みこまれて行われる居宅サービスでありながら、**要介護度別の支給限度額の対象外です（ほかのサービスを利用したために、サービスの利用枠が残っていなくても使えます）。**

ケアプランの原案を検討するサービス担当者会議を行う場合、このサービスを使って主治医に来てもらうことができると、家族や介護職が療養上の指示を共有できます。別の日になった場合は記録を残して、ケアマネジャーがサービス担当者会議で内容説明を行うといいでしょう。

自宅⑨ 定期巡回・随時対応型訪問介護看護

介護職と看護職が連携をとり、**一日数回の短時間訪問と緊急時の随時対応を組み合わせて行うサービスです。**利用者は、訪問時にヘルパーから排泄の介助や清拭、看護師による療養上の世話や診療の補助などが受けられます。随時対応というのは、呼べばすぐに来てくれるということではなく、常駐しているオペレーターが利用者の話を聞き、必要があれば介護や看護の手配をしてくれるというサービスです。

これは地域密着型サービスなので、住んでいる地域にこのサービスがなければ利用できません。また、要支援1、2の人は利用できません。

このサービスは、**使った分だけ払う出来高制ではなく毎月の定額制なので、登録した利用者が金額を気にせず使えるというメリットがあります。**

短時間の定期巡回訪問
利用者からのコールに24時間対応
通報
対応
利用者の緊急ニーズ
短時間の定期巡回訪問

タイプ2：通いで受けるサービス

自宅で受けるサービスの次は、通いで受けるサービスを解説します。代表的なサービスとしては、デイサービスとデイケア、ショートステイがあります。

先に「在宅3本柱」として、ホームヘルプ、デイサービス（またはデイケア）、ショートステイを挙げましたが、その中の2本は通いで受けるサービスです。「通い」ということは、本人（利用者、要介護者とも言う）が家から出て行くことを意味します。つまり**在宅介護を長続きさせるには、本人のケアをプロに託して、介護を休める時間が必要だということです。**

家の中に閉じこもらず、外へ出て大勢の人に会うことは、本人のためにもなります。主介護者だけでなく親戚や隣人、知人など周囲の人もまた、在宅介護における「通い」の必要性を理解しましょう。

通いで受けるタイプのサービス一覧

1 デイサービス（通所介護）

2 デイケア（通所リハビリテーション）

3 ショートステイ

4 認知症対応型通所介護

通い❶ デイサービス（通所介護）

いわゆる**デイサービスセンターに送迎してもらって、バイタルチェック、お茶やおやつ、昼食、入浴、レクリエーションや趣味の活動を行うサービスです。**

デイサービスセンターといっても、場所によって雰囲気はまったく違います。特養（特別養護老人ホーム）のデイルームで行う大規模なものと、民家を使った宅老所で行う小規模なものではまったく別物なので、見学して本人に合ったところを探すことが大切です。

私は**「デイサービスへ出かけるのは、ホームヘルプ100回分の効果がある」**と言い続けてきました。ホームヘルプに意味がないとは言いませんが、外に出ないで訪問を受け続けているだけでは、閉じこもり症候群を進行させるからです。要介護になっても出かけて、ほかのお年寄りや介護職と社会的関係をつくりましょう。

通い❷ デイケア（通所リハビリテーション）

デイケアは老健（介護老人保健施設）のデイケアルーム、医療機関に併設されたデイケアルーム、医療法人が経営するデイケアセンターなどで行っています。**デイサービスとの違いは、レクリエーションの代わりにリハビリテーションが受けられることです。**大規模なデイケアには理学療法士、作業療法士、言語聴覚士などリハビリの専門家がいます。

ただし、デイケアはデイサービスほど数が多くありません（デイサービスの5分の1ほど）。そのため、どうしてもリハビリが必要な人でなければ、デイサービスを探したほうが見つかりやすいはずです。

デイケアには3時間程度で食事なし、入浴なしの短時間通所リハビリもあります。**「介護を受けに行くのはイヤ」というお年寄りは、短時間のリハビリから始めて、通いに慣れてもらうのも一つの方法です。**

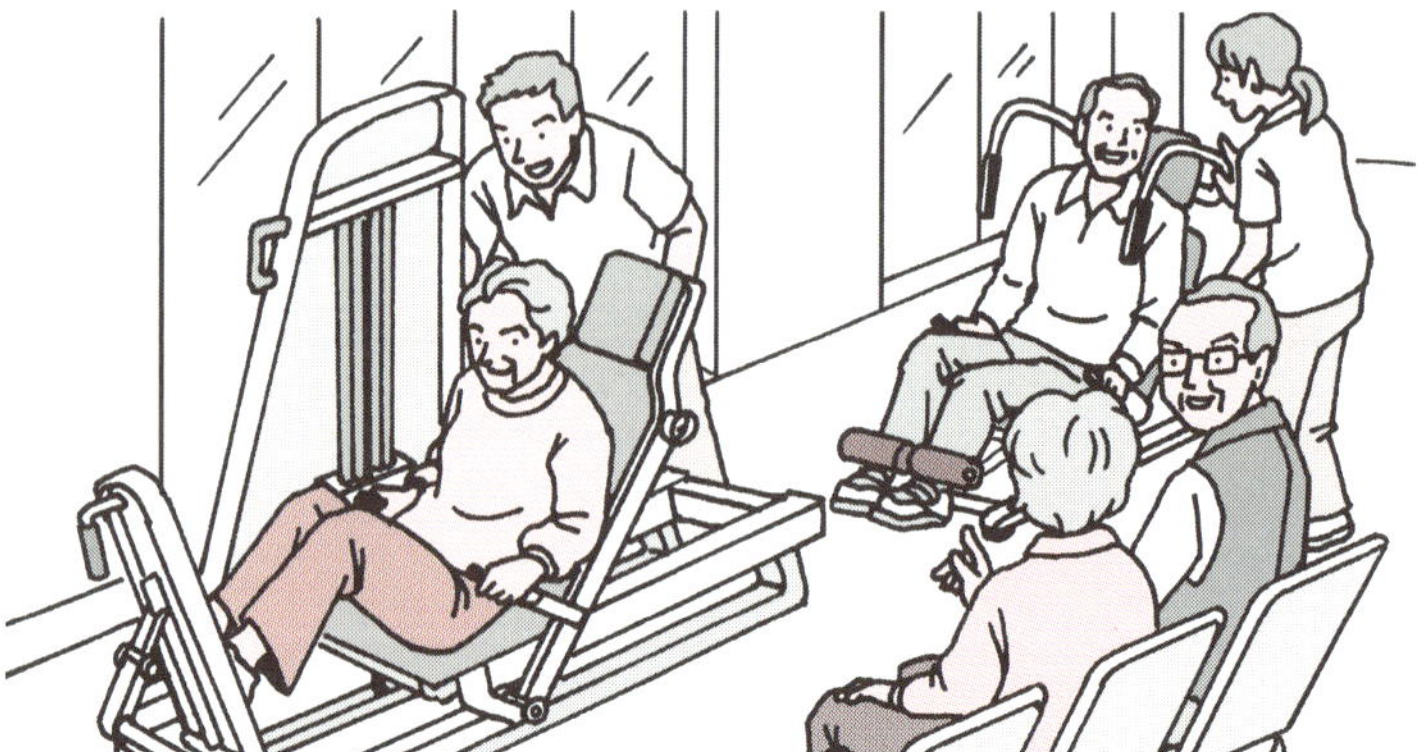

通い③ ショートステイ

在宅介護を受けている人が、**一時的に施設に出かけてお泊まりをするサービスがショートステイです。**「通所」が福祉系はデイサービス、医療系はデイケアと分かれていたように、ショートステイも福祉系の「短期入所生活介護」と、医療系の「短期入所療養介護」に分けることができます（通称はどちらもショートステイです）。

欧米でのショートステイは、家族を介護から解放するレスパイト（休息）サービスと位置づけられています。日本では冠婚葬祭や家族の急な不在で手が足りなくなったときの緊急避難先でしたが、最近では2～3ヵ月先でなければ予約が取れないショートステイが多いようです。

これは、ニーズが高いのに供給不足であることと、ショートステイを連続利用するケースが増えているためと考えられます。特に、都市部では供給が不足しているサービスです。

ショートステイにおける自己負担分

- ショートステイ利用料の１～２割負担分
- 滞在費（部屋代や光熱費など）
- 食費
- 洗濯代などの日常生活費

（滞在費・食費・洗濯代などの日常生活費：実費負担）

ショートステイのタイプ

短期入所療養介護

老健などの医療系施設に併設されたショートステイです。ケアプランが必要なこと、期間は１泊２日から連続30日までであることなどは「短期入所生活介護」と変わりません。違うのは看護やリハビリなど医療的ケアを受けられる点で、デイサービスよりもデイケアに通っているお年寄り向きだと言えます。また、持病がある人でも安心です。

短期入所生活介護

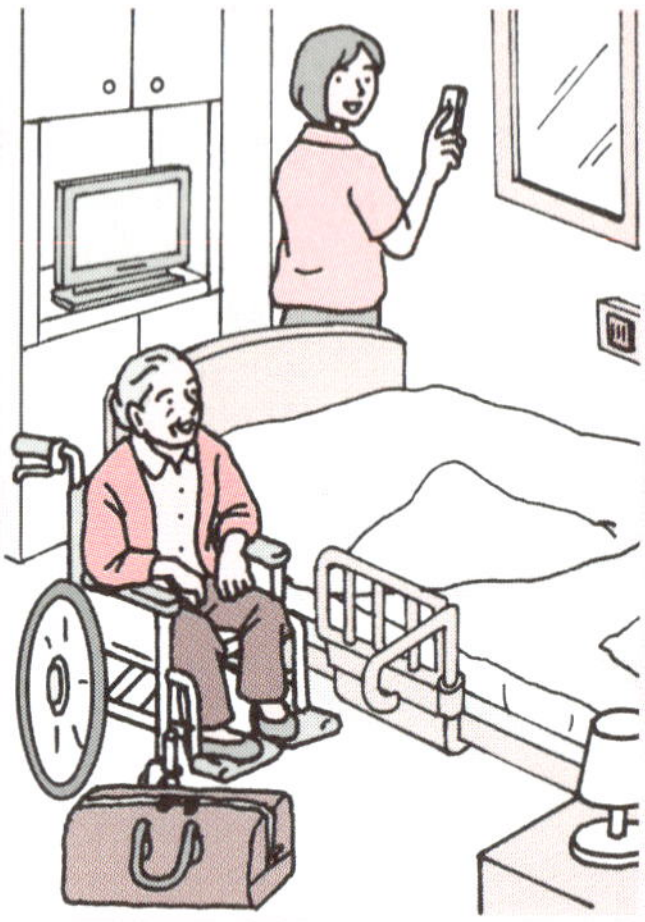

特養などの福祉系施設に併設されたショートステイです。形態としては入所施設に併設されたタイプのほかに、ショートステイ専門のタイプや入所施設の空きベッド（利用者が入院中のベッド）を利用するタイプなどがあります。
どのタイプでも日中はリビングルームですごし、夜は個室または多床室で就寝するのは同じです。

通い❹ 認知症対応型通所介護

認知症のお年寄りだけを対象にしたデイサービスです。

定員は12人以下と少人数なので、家庭的な雰囲気の中で食事、排泄、入浴、レクリエーションなどが受けられます。

このサービスは地域密着型サービスなので、その地域（市区町村）に住む人しか使うことができません。また、同じ地域密着型サービスであるグループホームや小規模特養のような施設でも、3人までなら食堂やリビングルームなどの共有部分を利用してこのサービスが行えます。

「認知症が深いために通常のデイサービスでは預かってもらえない」というのであればこのサービスでもいいのですが、本人がデイサービスに行きたがらないのなら、73頁でも紹介した宅老所のほうが行きやすいようです。**民家を使った宅老所はふつうの生活感覚を大切にしているため、認知症や集団生活が嫌いなお年寄りでも落ち着いてくれます。**

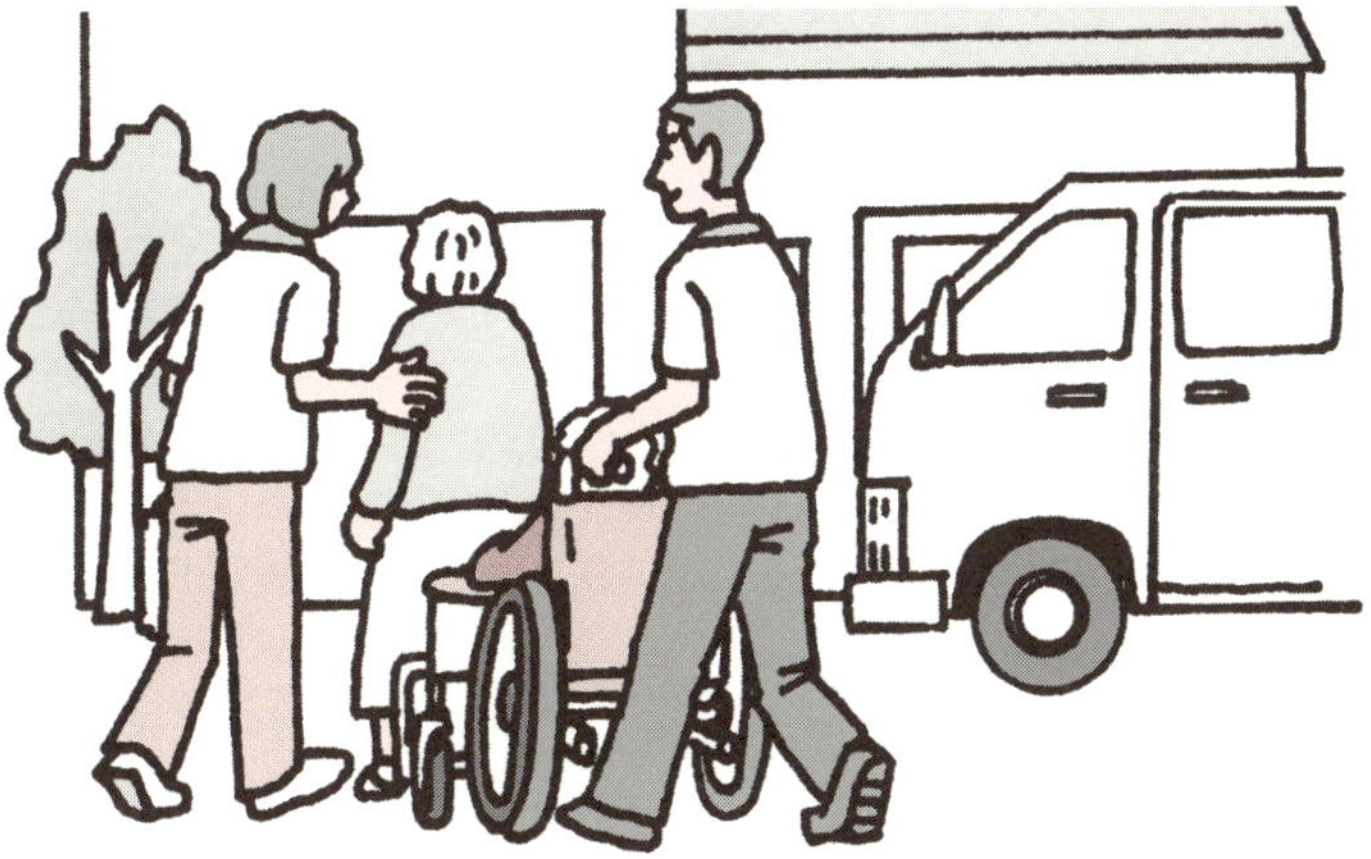

タイプ1と2の複合型：小規模多機能型居宅介護

バラバラなサービス事業者を利用したのでは、継続的なケアが受けられないことから、家庭的な環境ですごせる宅老所をモデルにつくられたのがこのサービスです。**利用するには小規模多機能型施設に登録し、そこのケアマネジャーにケアプランを立ててもらうと、1ヵ所でホームヘルプ（訪問）、デイサービス（通い）、ショートステイ（泊まり）を組み合わせた複合的なサービスが受けられます。**

登録定員は29人以下で、デイサービスの定員は一日18人以下※、ショートステイの定員は一日9人以下です。

このサービスが向いているのは独居や老老介護の世帯で、遠距離介護をしている子どもなら、親元にこのサービスがないか探す価値があります。窓口が一元化されていてわかりやすいうえに、定員が少人数なので、登録利用者は事業者から常に気にかけてもらえるからです。

メリット ◎

- 住み慣れた地域にいられる
- 一つの事業者と契約するだけ
- 訪問、通い、泊まりをそのときの状況に応じて選べる
- 夜間も訪問介護に来てくれる
- 顔馴染みのスタッフに対応してもらえる

デメリット ✕

- 地域にこのサービスがなければ利用できない
- どこかに不満があっても、そこだけほかの事業者を使うことはできない
- 馴染みのケアマネジャーがいたら、関係が切れる

※登録者の３分の１以上であるなど一定の条件が必要です

小規模多機能型居宅介護のしくみ

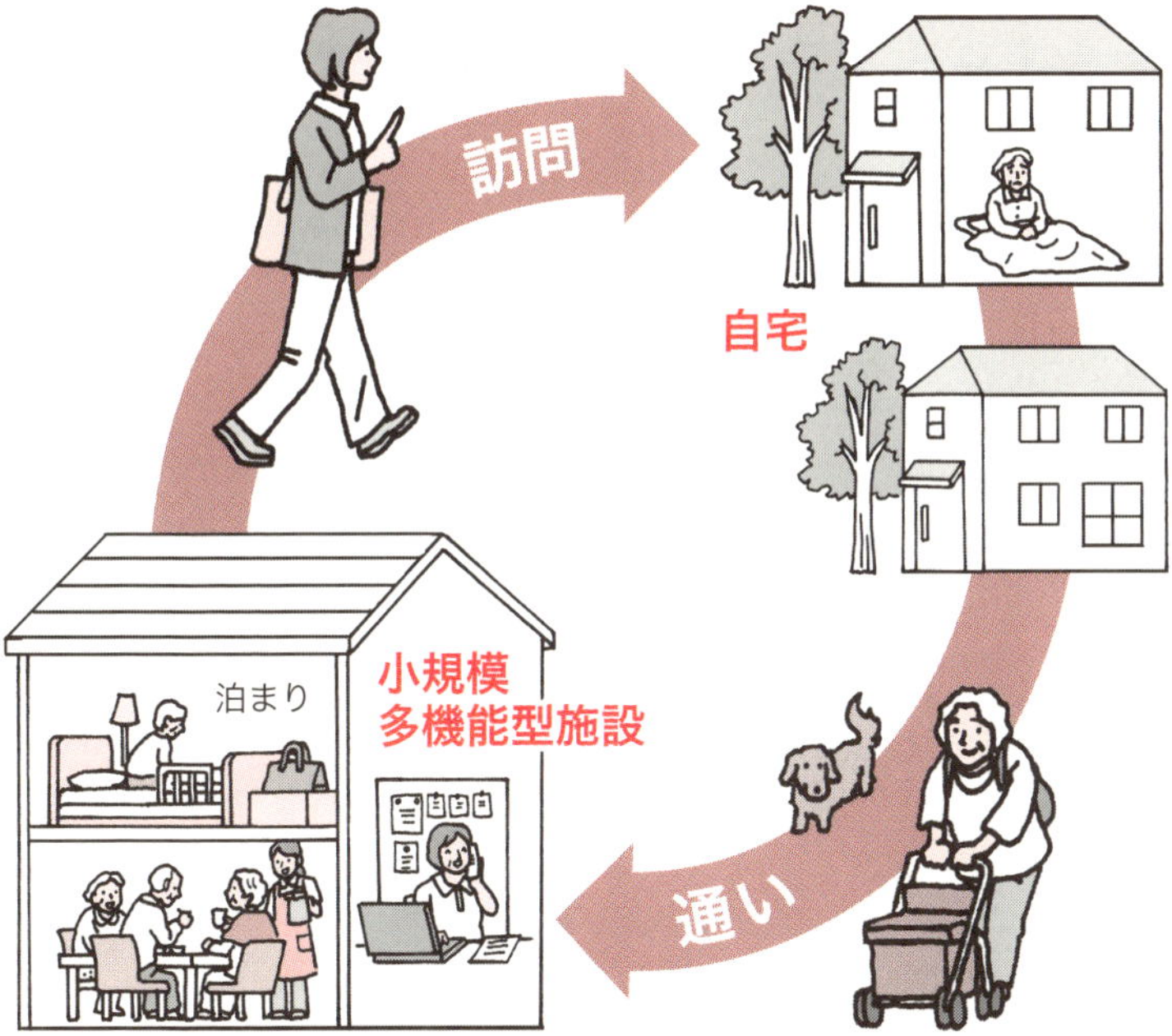
訪問
自宅
小規模
多機能型施設
泊まり
通い

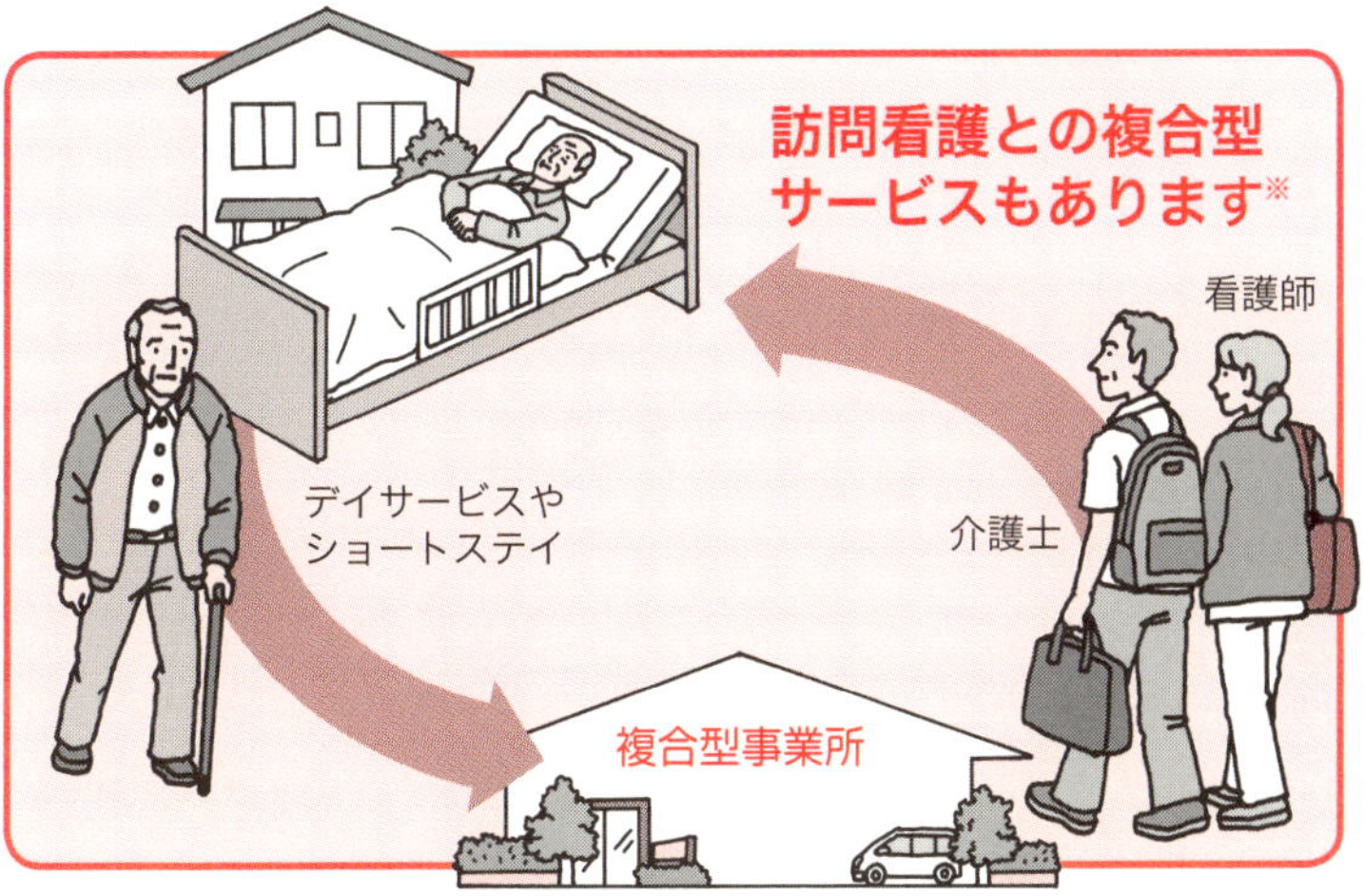
訪問看護との複合型
サービスもあります※
看護師
介護士
デイサービスや
ショートステイ
複合型事業所

※正式名称は看護小規模多機能型居宅介護といいます

タイプ3：入居して受けるサービス

介護保険を使って入居できるサービスには、下の図のようなものがあります。この中で、介護保険制度で「施設サービス」と呼ばれるのは①②③の３つです（④は特養の小型版）。

⑤のグループホームは地域密着型サービスの一種で、１ユニット９人までの認知症のお年寄りが、馴染みのスタッフの世話を受けながら共同生活を送ります。

⑥の有料老人ホームには健康な人が利用する健康型、介護が必要になったら外部サービスを使う住宅型、職員が介護する介護付きがあり、「特定施設入居者生活介護」の指定を受けなければ「介護付き」は名乗れません。

本書は在宅介護を選択した人のための介護保険制度の解説本です。入所施設については具体的内容まで踏み込まないので、**詳しく知りたい方は「在宅介護応援ブック」シリーズの『いざという時の介護施設選びQ＆A』を見てください。**

入居して受けるタイプのサービス一覧

① 特別養護老人ホーム（特養）	② 介護老人保健施設（老健）
③ 介護療養型医療施設	④ 地域密着型介護老人福祉施設入所者生活介護
⑤ グループホーム（認知症対応型共同生活介護）	⑥ 有料老人ホーム（特定施設入居者生活介護）
⑦ 地域密着型特定施設入居者生活介護	

番外編：要支援1、2に認定された人が受けられるサービス

要支援の人は、介護が必要な状態にならないために「介護予防サービス」を受けることができます（左の一覧参照）。

その窓口は、各自治体の地域包括支援センターです。**要介護認定で要支援1か要支援2と認定された人で介護保険サービスを利用したい人は、最寄りの地域包括支援センターで「介護予防ケアプラン」をつくってもらいましょう。**「要支援」は「要介護」ほど要介護度が高くないため、「定期巡回・随時対応型訪問介護看護」など、利用できないサービスがあるので注意が必要です。

要支援の人が受けられるサービス一覧

1 介護予防住宅改修

2 介護予防福祉用具貸与

3 特定介護予防福祉用具販売

4 介護予防訪問介護※

5 介護予防訪問看護

6 介護予防訪問入浴介護

7 介護予防訪問リハビリテーション

8 介護予防居宅療養管理指導

9 介護予防通所介護※

10 介護予防通所リハビリテーション

11 介護予防短期入所生活・療養介護

12 介護予防特定施設入居者生活介護

13 介護予防小規模多機能型居宅介護

14 介護予防認知症対応型通所介護

15 介護予防認知症対応型共同生活介護

※4と9は2017年度末までの経過措置を経て、介護保険サービスから外される予定です

Q5

介護保険サービスを利用すると、どのように便利なのか、イメージがわきません。

85歳で脚の手術を受けた父は退院後、一時的に介護老人保健施設に入所しています。

父は毎日のように「早く家に帰りたい」とこぼしていますが、母はまだ父と二人きりで暮らす自信が持てないようです。脚が弱くなっている父と一緒に暮らすイメージがわかないために、心配が膨れ上がっているのだと思います。

実際に介護保険サービスを利用するとどのような生活になるのか、具体的にイメージができるといいのですが。

A

まだ経験したことがないことに対して不安に思うのは当然のことです。まして、主介護者になるお母様も高齢ですので、新しい状況に対応するのは決して簡単なことではありません。

では、仮にお父様が退所したとして、どのような生活になるのかイメージしてみましょう。

もちろん介護の状況は千差万別です。ご本人の性格や、体格、体の状態も一人ひとり違いますし、主介護者の状況や利用するサービス内容も違うので一概に**「こうなります」とは言えません。**

ここでは、**一般的な要介護2の人が利用しているサービスの代表例をいくつかご紹介します。**具体例を見ることでイメージしやすくすることが目的です。実際にはどのように介護保険サービスを利用するのか、順を追って見てみましょう。

待ちに待った帰宅。
介護保険サービスを上手に活用して、本人もご家族も楽しく笑顔で暮らせるといいですね……。

最初に出会うことが多い介護保険サービス「住宅改修」と「介護用品のレンタル」

現在、相談者のお父様は老健で骨折後のリハビリを受けていらっしゃることと思います。介護保険の一般的な利用方法としては、老健への入所中にご自宅を介護しやすくリフォームするケースが多いようです。

介護保険による住宅改修は、要介護者一人につき20万円を上限として、使った金額の8～9割が支給されます（61頁参照）。このサービスは、事前に申請を行って審査を受けることが必要です。申請の方法は、ケアマネジャーや施工業者が教えてくれるので、問い合わせてください。

ご自宅のどこをどう直せばいいかという改修プランは、お父様の身体状況をよく知る人でなければ立てられません。老健でお父様のリハビリを担当している理学療法士が自宅に来てくれればいいのですが、それが無理だとしても、手すりの位置などのアドバイスは受けたほうがいいでしょう。

介護のためのリフォームの一例（玄関）

床材は滑りにくいものにして、なるべく段差をなくす
家の中でよく使用する部分には手すりを設置
靴を脱ぎ履きする際に腰かけるベンチを設置
上がり框《かまち》には式台を置くと便利

介護用品のレンタルも、最初に出会うことの多いサービスです。どんな介護用品がレンタルできるかは、自治体が出している介護保険のパンフレットを見てください。

なかでも在宅介護の質を左右する車イスと介護用ベッドは慎重に選ばなければなりません。相談者のお父様は杖歩行で車イスは必要ないそうですね。家ではベッドで寝ていらっしゃいましたか、それともふとんでしたか。

介護では以前の生活習慣を大事にしなければならないので、ふとんで寝ていたのならふとんのままでいいでしょう。もし、床からの立ち上がりが難しいようなら、ベッドにしてください。また、自分の力で移動できなくなったら、車イスが必要になるので移乗するにはベッドが便利です。

介護用のベッドを選ぶときは、下のイラストを参考にしてください。**家にベッドがあっても、これらの条件に合わなければレンタルが必要です。**高さを上下させる機能は必要ですが、十分な幅があれば背上げする機能は不要です※。

介護を始めるなら、こんなベッドを選ぼう

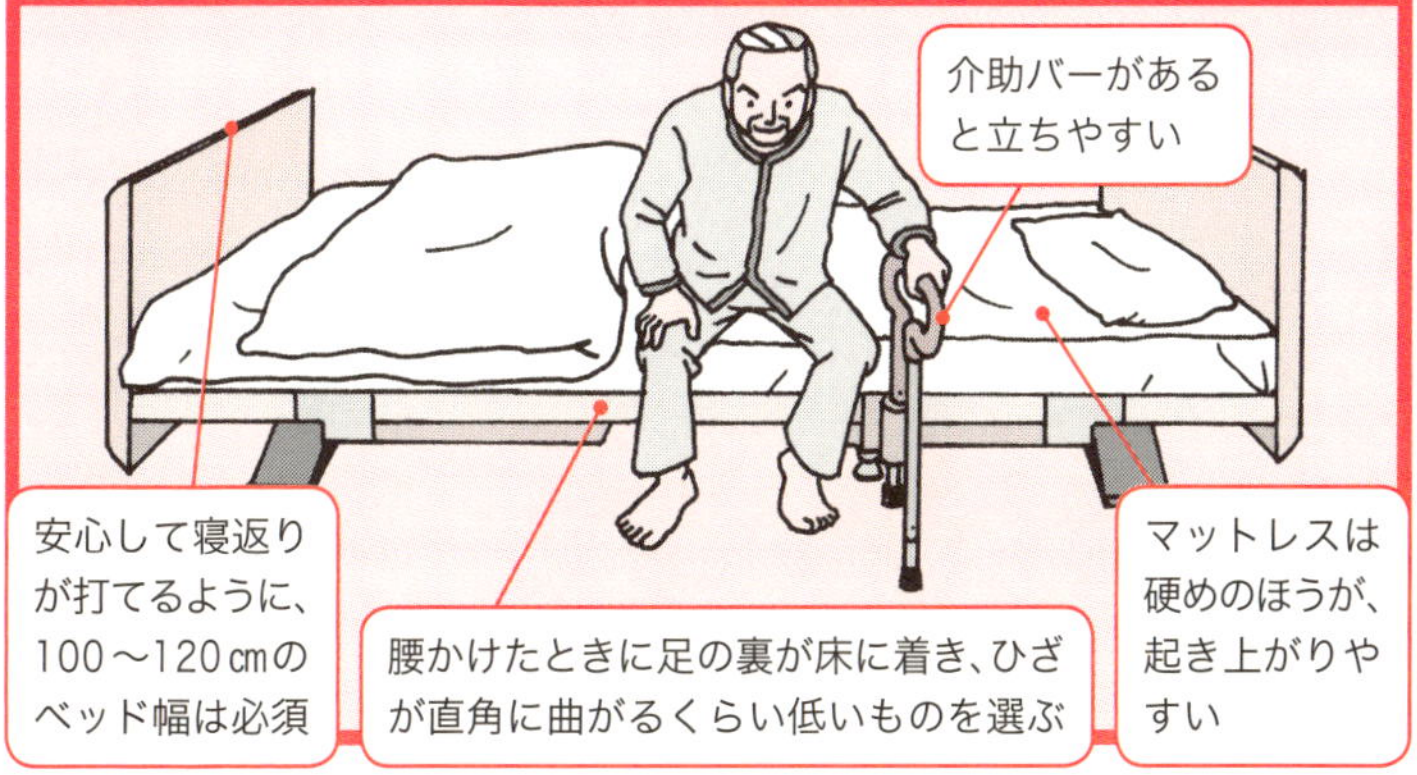
介助バーがあると立ちやすい
安心して寝返りが打てるように、100～120㎝のベッド幅は必須
腰かけたときに足の裏が床に着き、ひざが直角に曲がるくらい低いものを選ぶ
マットレスは硬めのほうが、起き上がりやすい

※幅の広いベッドは部屋が狭くなると考えがちですが、幅の狭いベッドで背上げをしていると、やがて寝たきりになってしまいます

介護保険サービスを使って介護をした場合（イメージ）

立ち上がりも大変そうなのでベッドをレンタルしました
トイレ?
ああ
布団のときよりも
大変楽になりました
平日は毎日短い時間ですがデイサービスに行ってます
お願いします
お風呂と昼食をすませてくるので助かっています
ときにはお互い疲れて
余裕がなくなることもありますが
イライラ
くっ!!
皆さんの力を借りながら
おかえりなさい
まだまだ夫婦二人だけで暮らしていけそうです

本人も介護者も介護生活に慣れてきたら、ショートステイを利用してみましょう

お父様の在宅介護が順調に始まり、ホームヘルプやデイサービス（またはデイケア）の利用をイヤがらないようであれば、次のステップはショートステイを試すことです。

当面、腰の悪いお母様による老老介護が続くわけですから、いつかどうしようもないピンチが訪れるかもしれません（たとえば、お母様が体調を崩すなど）。そんな**万一のときには、お父様をショートステイに預けられるとわかっていると、お母様の日頃の安心度が違ってきます。**

都市部ではショートの空きが非常に少ないので、ケアマネジャーに聞いて、早めに申し込んでください。お父様がイヤがる場合は、「私の検査入院の間だけ我慢してください」と言って入ってもらいましょう。デイサービスをイヤがらなければ、日頃からショートができるデイサービスを利用して、馴染みの関係をつくっておくことも大切です。

介護疲れでケンカが増えた私たちに
うるさいっ!!
もう知らない!!
よかったらどうぞ
デイサービスのスタッフがショートステイを教えてくれました
ショートステイ
イヤがる夫をなんとか説得して
私検査入院なのよ
2泊3日でショートステイを利用しました
ブツブツ
時間を気にせずお友達に会えたり
夫の生活リズムに合わせる必要がなく とにかくゆっくり休めました
よく寝た～
これでまたしばらくがんばれそうです
お疲れ様
おう

コラム1

介護保険の活用、世代による2つの問題点

「立ってるものは親でも使え」というコトバがあります。今では親の権威なんかなくなりましたが、かつて親はいちばん大事にすべき存在でした。それでも、使えるものは使えというのです。

ましてや、介護保険という制度があるのですから、それを使わない手はありません。本人と家族が共倒れになるかどうかの分かれ道なのですから。

しかし、問題が2つあります。

一つは、古い世代の人たちが、「お上の世話になるなんて」と恐縮して、使おうとしないことです。でも、家族、特にお嫁さんに世話になることにはちっとも恐縮しないんですけどね。こうした人への対応の仕方は、第3章で少し触れています。

もう一つの問題は、新しい世代です。戦後の民主主義のなかで育ち、権利意識の強い世代が介護家族として存在し、ついで要介護の本人として大量に登場してきます。

私を含めたこの世代は、権利はちゃんと主張します。「介護保険料を払ってきたんだから、もっとちゃんとしたヘルパーを寄こせ」とか「もっと食事をよくするよう施設長と団体交渉を要求する」なんて言い出すかもしれません。

家族や本人が声をあげるのはいいことです。でも、クレイマーになるのは困ります。介護者も家族も要介護の老人も、みんな「当事者」です。でも、クレイマーは、単なる「消費者」です。金を出しているぶん口を出すという部外者にすぎません。

一緒に、いい介護をつくり出す仲間になりましょう。

第2章

介護保険サービスの応用的な活用法Q＆A

Q6

近距離別居の舅《しゅうと》から夜間に何度も呼び出され、介護に疲れ果てています。

50代の主婦です。同じ市内の車で10分程度の距離に、舅（80代）が一人暮らしをしています。舅は5年前に脳卒中を患ったことで右半身がマヒしていて、現在の要介護度は3です。

最近になって、夜中に何度も呼び出されるようになって非常に困っています。呼び出される内容は「トイレに失敗したので処理しに来てくれ」というときもあれば、「家に誰かいるから見に来てくれ」という訳のわからない理由のこともあります。私は夜にゆっくり眠ることができず、このままではノイローゼになりそうです。

A

夜間に何度も呼び出されるということで、相談者は非常にお疲れのことと思います。お義父様による夜間の呼び出しが増えたのは老化による身体的な衰えが原因なのか軽い認知症なのかはよくわかりませんが、夜間の介護がより必要な段階に入られたということなのでしょう。

このような場合はまず、**お住まいの地域に夜間も対応してくれる介護保険サービスがないかを探してみましょう。**夜間も対応してくれる事業所はまだまだ少数ではありますが、**地域によっては夜間の介護保険サービスが充実している市区町村もある**ので、まずは調べてみることが大切です。

現在の介護保険サービスにおいて、夜間の訪問にも対応してくれるサービスは3種類あります。ここではそれぞれのサービスの違いについてご紹介しますので、選べる場合には参考にしてください。

①定期巡回・随時対応型訪問介護看護

これは2012年の介護保険改正で新しく誕生した24時間対応型の訪問サービスです。これまでも夜間に対応してくれるサービスはありましたが、1回呼び出すごとにいくら、といった出来高制だったため、限度額を超えないか心配するあまり積極的に利用されなかった側面があります。

一方で、この定期巡回・随時対応型訪問介護看護は要介護度別の定額制なので、呼び出した回数によって金額が変わることがなくて安心です。

具体的なサービス内容としては、事業所と契約するとケアコール端末（箱型の緊急通報装置やペンダント型のボタンなど）を貸し出してくれます。通常時は一日数回の短時間訪問を受け、困ったことが起きた緊急時にはケアコール端末を使ってオペレーターに連絡し、必要があればすぐに介護士や看護師を派遣してくれるサービスです。

定期巡回・随時対応型訪問介護看護の月額料金体系（円）
（１割負担の人の場合・一例）

訪問介護だけを受ける場合

要介護１	要介護２	要介護３	要介護４	要介護５
5,658	10,100	16,769	21,212	25,654

訪問介護に加えて訪問看護も受ける場合

要介護１	要介護２	要介護３	要介護４	要介護５
8,255	12,897	19,686	24,268	29,399

このサービスは訪問介護と訪問看護が連携しているので、病状が安定しない人や重度の病気があって24時間介護と看護の連携を図りたい人には非常に適しています。また、大きな病気はなくても老人独居で身動きがうまくとれない人や、老人だけの世帯で夜間も介護に手がかかる人は、ケアコール端末でいつでもオペレーターに連絡ができると思うと非常に心強いでしょう。

一方で同居家族がいる場合には、一日に何度も事業者が出入りすることになるのは気になるでしょうからあまり向かないと言えます。また、そもそもこのサービスを行っている事業所が少ないので、利用したくてもできない点が最大のデメリットとも言えるでしょう。

サービスの活用イメージ

老老介護のわが家
妻84歳
腰痛
夫90歳
寝たきり
毎日定期的にヘルパーさんが来てくれます
はい
寝返りしましょう
先日夜中に夫がベッドから落ちそうになったときも
ギャ
すぐにヘルパーさんが来てくれて助かりました
はい
座りましょう
ホッ

②夜間対応型訪問介護

夜間対応型訪問介護とはその名のとおり、**夜間に訪問介護をしてくれるサービスです。**追加の料金を支払うことで、日中の訪問介護にも対応してくれる事業所があります。しかし基本的には夜間のみのサービスなので、日中も介護が必要な場合はほかの事業所と契約することが必要です。

サービス内容は定期巡回・随時対応型訪問介護看護と似ています。契約するとケアコール端末が貸し出され、**夜間の定期的な巡回に加えて、緊急時にはケアコール端末でヘルパーを呼び出すことができるサービスです。**ただし利用は夜間限定であることと、看護師の訪問はできないことが定期巡回・随時対応型訪問介護看護と大きく異なります。

料金はオペレーションセンターを設置している場合は、基本料金にプラスして、訪問するたびに課金される出来高制です。基本料金は月1000円程度で、定期巡回1回につき

夜間対応型訪問介護の月額料金体系（円）
（１割負担の人の場合・一例）

オペレーションセンターがある場合

基本サービス費	定期巡回	随時訪問	随時訪問（ヘルパー２人）
981／月	368／回	560／回	754／回

オペレーションセンターがない場合

基本サービス費	2,667／月

368円以上、随時訪問1回につき560円以上かかります。一方、オペレーションセンターを設置しておらず、直接ヘルパーに連絡をするタイプの場合は1ヵ月定額制です。

定期巡回は、寝たきりの人の定期的な寝返り介助やオムツ交換、安否の確認などを行うのに適しています。随時訪問は「転倒して起き上がれない」などの緊急時に心強いサービスです。

相談者の場合は利用者と同居ではないので、夜間にヘルパーが自宅に入ることも気にならないでしょうから、向いているサービスと言えます。しかし残念ながらこのサービスも行っている事業者が少ないため、サービスを受けたくても受けられないことが多いのが現状です。

③訪問介護や訪問看護の夜間利用

ここまで、夜中の頻繁な介護に対応するための2つのサービスをご紹介しました。

しかし「うちの地域には対応してくれる事業所がなかった」というご家庭や「日頃の介護疲れを解消できる定期巡回の部分だけでいい。緊急時には家族がちゃんと対応できます」というご家庭もあることでしょう。その場合、いつも利用している「訪問介護や訪問看護の夜間利用」がもっとも効率的で安く済む場合もあります。

昼間のサービスだけだと思われている訪問介護ですが、夜間に対応できる事業所もあるのです。ただし、夜間、深夜、早朝と時間帯によって料金が割り増しされます。

もしも随時対応型の訪問介護の事業所が地域になかった場合は、日頃利用している訪問介護を夜間も利用できないかケアマネジャーに相談してみるといいでしょう。

訪問介護と訪問看護の夜間利用の料金体系（1割負担の人の場合・一例）

訪問介護の夜間利用

夜間（18～22時）	深夜（22～6時）	早朝（6～8時）
所定単位数の25%増し	所定単位数の50%増し	所定単位数の25%増し

訪問看護の夜間利用

夜間（18～22時）	深夜（22～6時）	早朝（6～8時）
所定単位数の25%増し	所定単位数の50%増し	所定単位数の25%増し

夜間も利用できる訪問介護の比較

サービス名	支払い方法	特徴
訪問介護（夜間利用）	出来高払い	１回当たりの時間で料金を決定 昼間に利用するのと同じで「身体介護」と「生活援助」がある 夜中であっても基本的に決まった時間の訪問介護のみで、「随時対応」や「オペレーターと連絡を取る」というサービス内容はない
夜間対応型訪問介護	出来高払い	基本サービス料が月1,000円あとは訪問回数によって決まる定期巡回と随時訪問がある サービスの時間帯は最低限22～6時を含むことが必須
定期巡回・随時対応型訪問介護看護	定額制	利用料は要介護度によって決定 定期巡回と随時訪問があり、時間は24時間いつでも対応する 訪問介護だけでなく、必要があれば看護師も派遣してくれる

Q7

父がガンで亡くなりました。遠距離独居になってしまった母の今後が心配です。

ついこの前まで元気だった父が先月、ガンであっけなくこの世を去ってしまいました。母（82歳）は持病がいくつもあるので、今後一人暮らしをさせるのは心配だと思い、娘である私の家庭で引き取ろうと思うのですが、母が同居を受け入れてくれないのです。

「今更知らない土地に行きたくない。友達がいるこの街に住みたい」と言います。私が実家で同居してあげられればいいのですが、私にも家庭や仕事があるので実家にUターンするわけにもいかない状況です。今後、遠距離での介護は成り立ちますか。

A

相談者はまだ具体的に介護が必要な状況になっているわけではないようですが、将来の遠距離介護について不安に思っておられるようですね。

たしかに住み慣れた土地には深く根付いた人間関係があります。地域によっては方言を聞き取ってもらえないなど言葉の問題もあるので、**呼び寄せて同居をすることが最善とは言えない場合も多くあるものです。**

実際に近い将来、お母様が介護を必要とする状態になってしまったことをシミュレーションして心の準備をしておくのは、大切なことと言えます。

介護が必要になった場合、まずは要介護認定を受けて介護保険サービスを受けられるようにするのは、通常の場合と同じです。そこから先の部分で、**どうやったら遠距離介護がよりスムーズにいくのかを一緒に考えてみましょう。**

遠距離介護の心得①　親の地元の介護情報を収集する

Q4で、さまざまな介護保険サービスがあることをご紹介しました。それらのサービスの中から、一人暮らしの高齢者に適したサービスを組み合わせて受けられればいいわけです。

しかし当然ながら、その地域に介護保険サービスを提供してくれる事業者がなければ、サービスは受けられません。「お母さんにはこのサービスを使おう」と考えても、お母様の住む地域にそのサービス事業者がなければ、そのサービスを受けようがないのです。ですから介護が必要になったら、**まずは親の地元でどのような介護保険サービスを提供する事業者があるのか、情報を集めましょう。**

いちばんいいのは、実際に**親の住む地域の市区町村役場や地域包括支援センターなどに足を運ぶ**ことです。役場や地域包括支援センターには介護事業者一覧やパンフレットなどが用意されていますから、それを見ながら直接説明を聞けると理解が深まります。

●パンフレットなどを読んで問い合わせてみましょう

すぐに行くことができない場合は、親の住む市区町村役場や地域包括支援センターに電話をして、状況を説明しながら指示を仰いでみましょう。**その地域のことはその地域に住むプロに相談するのがいちばんです。**口頭でさまざまな情報を教えてくれたり、実際にお母様のお宅へ足を運んでくれることもあります。

それ以外の方法としては、インターネットで地域の社会福祉協議会のホームページを見てある程度の情報を入手するのもいいでしょう。

電話で相談すれば、パンフレット等を郵送してくれる市区町村もあります

まずは問い合わせてみよう
何をしたらいいのかがわからなかった私たち
まだ元気だしね
遠いからなかなか行けないしな
念のため親の住む町役場に電話すると
今は元気ですが
今後が心配で
相談にのってくれたうえに
イメージが掴めてきた
地域包括支援センターを教えてくれました
後日資料も送ってくれました
事業者一覧まである！助かるわー！
ほ

遠距離介護の心得②　ケアマネジャーとの関係をしっかり築く

遠距離介護で介護保険サービスを上手に活用するには、担当のケアマネジャーとの関係をしっかり築くことが大切です。

高齢者の家族や親族が近くに住んでいない場合、主介護者が身内に存在しないことになってしまいます。そうなると困ったことが起きたときや介護保険サービスの内容について検討が必要になったときに、身内の人間がみな他人事にとらえてしまって話が進まないことがあるのです。

連絡をもらったときに「私ではわかりかねます」「お任せします」などと言っても、介護保険サービスには法律上、親族の同意なしにはできない手続きがたくさんあります。**離れていても自分の親に対して責任を持って、ケアマネジャーと内容について理解しようという姿勢が大切です。**

具体的な対応としては、遠距離であってもケアマネジャーがケア内容を決定したり、変更したときには一度は会いに行って

●介護を丸投げにはせず、その都度話し合いましょう

挨拶をしたり、説明を聞いたりしましょう。**そのときに自分の携帯電話の番号を伝えて、何かあったときにすぐに携帯に連絡をもらえるようにするといいでしょう。**

携帯へ連絡をもらえる関係になれれば、物理的な距離があっても主介護者としての責任を十分に果たすことができます。介護保険サービスは要介護度によって支給限度額がある関係で、臨機応変に対応しなければならないことも多々ありますが、そういう細かいことは高齢者ご自身で理解するのは難しいものです。離れていても主介護者としてサポートできるようにしましょう。

ケアマネジャーを中心とする介護のプロと家族とが両輪となって見守ろう

携帯で話せる関係に
仕事中
RRR
はい
お母様のことでご相談が……
ケアマネ
え!!
認知症が進んでいるようで認定を受け直したほうがよろしいかと…
ありがとうございます
今度様子を見に行きます
大切な情報をくれるケアマネさんがいて
助かっています

遠距離介護で心強い介護保険サービス「小規模多機能型居宅介護」

遠距離介護になった場合、非常に便利な介護保険サービスが「小規模多機能型居宅介護」です。

通常、介護保険サービスを受けようと思うと、さまざまな事業者と契約をしなければなりません。そのまま変更がなければいいのですが、状態が変わったりニーズが変わった場合に、お年寄り自身で変更手続きをしたり新たに事業者と契約するのは難しいものです。

✕ ケアプランが偏っていても、変更が面倒に感じてしまうこともある

お風呂に入れればいいや
足腰が弱く最近は家事が負担です
ゴチャ ゴチャ
ヘルパーさんに家事をお願いしたいけど
グチャ…
ケアプラン
契約書
手続きのやり方がよくわかりません
今までどおり週2回
デイサービスでお風呂には入ってるけれど……

この小規模多機能型居宅介護の事業者と契約をすれば、**その事業者が「ホームヘルプ」「デイサービス」「ショートステイ」の3種類のサービスを上手に組み合わせて提供してくれます。**「デイサービスの利用を中心にしていたけれど、送迎のときに家の中が荒れてきていると気がついたからホームヘルプを定期的に入れるようにした」といった柔軟な対応が期待できるサービスです。

もしも親の地元にこの事業者があった場合は是非利用を検討しましょう。遠距離介護の強い味方になってくれるサービスです。

慣れ親しんだスタッフが全面的にケアしてくれる安心感

一つの事業所で全面ケア
足腰が弱く最近は家事が負担です
ゴチャ ゴチャ
するとデイサービスのスタッフが気づきました
あれ? 前より散らかってきた?
そうなのよ〜
それ以来そのスタッフが毎週来てくれて
こんにちは
何かと世話をやいてくれるようになりました
洗っておくので置いておいてください

住み慣れた土地にこだわるなら、地元の介護施設への入所も視野に

住み慣れた家でいつまでも暮らせればそれがいちばんですが、それが難しい場合は**住み慣れた地域の介護保険サービスで運営されている施設に入所することも視野に入れましょう。**介護保険の施設であれば、民間の有料老人ホームよりは割安で生活し、介護も受けることができるからです。

自宅で暮らしている人が施設に入ろうと思ったら、「特養」と呼ばれる特別養護老人ホームに入ります。ここは終《つい》の棲家《すみか》として長く入所することができる施設です。しかし非常に人気なので、なかなか空きがありません。

特養以外であれば、「老健」と呼ばれる、在宅復帰を目指してリハビリをするための施設である介護老人保健施設や、長期入院のような形となる「療養型病床」に入る選択肢が考えられます。**どの場合も、なるべく本人らしく生きられるように、よりよい施設を選んであげたいものです。**

※各施設の特徴や選び方については「在宅介護応援ブック」シリーズの『いざという時の介護施設選びQ＆A』をご覧ください

【介護保険外】老人の一人暮らしに適した住宅「サービス付き高齢者向け住宅」

施設に入所するほど体は悪くないけれど、一人暮らしに不安を感じたり、一軒家では広過ぎて管理ができない場合などは、地元にある「サービス付き高齢者向け住宅」に入居するのも一つの方法です。一般的には「サ高住」と呼ばれています。

サ高住は介護保険サービスではなく、国土交通省と厚生労働省が共管するお年寄り専用の住まいです。バリアフリー設計になっていて、廊下も車イスが通れる広さで、手すりが付いているなどさまざまな配慮がされています。

また、サ高住では日中はかならず介護の専門家が常駐し、入居者に**安否確認サービスと生活相談サービスを提供してくれるのが特徴です。夜間に何かあったときには、緊急通報システムでオペレーターにつながるしくみになっています。**

住み慣れた地域で安心して暮らすために、サ高住も一つの選択肢として頭に入れておくといいでしょう。

Q8

母と二人暮らしの息子です。介護が始まって困ったことだらけです。

父は10年前に他界し、80歳になる母と二人暮らしの息子（58歳）です。この数年間で母が認知症になってしまいました。最近は家事もやらず、テレビを見ているだけの生活になっているようです。

私は仕事があるので日中の様子はわかりませんが、どんどん荒れていく自宅に困り果ててヘルパーさんを頼みました。しかし私が同居しているために生活援助は行うことができないそうです。

母の場合は身体介護より掃除や料理などをいちばん助けてほしいのですが、何かいいサービスはありませんか。

A

お母様が認知症とのことで、いろいろとお困りのこともあると思います。ヘルパーを頼んだということは、要介護認定も受けておられるのでしょう。

相談者と同居しているために生活援助を断られたということですが、相談者は毎日仕事に行かれるわけですから、お母様は日中独居ということになります。

ところが厚生労働省が、2009年12月25日に出した老振発1224第1号という通知において「同居家族が仕事で不在のときは生活援助が使える」ことが明記されているのです。**まずはケアマネジャーに現在の状況と本当に困っていることを伝えて、生活援助を受けられるように交渉してみましょう。**日中独居の人に生活援助を提供するかどうかは自治体によって判断が分かれる難しい問題です。しかし決して不当な請求ではないので、話し合う価値はあります。

【介護保険外】男性介護者の役に立つサービス① 有償サービスやボランティアの活用

介護保険サービスにおいては、掃除の援助は残念ながらホームヘルプの生活援助しかありません。その生活援助がどうしても使えない場合は、有償のサービスやボランティアを活用することになります。

まずはお住まいの市区町村役場に行って、**自治体が行っている高齢者福祉サービスを調べるといいでしょう。なかには家事支援サービスを行っている市区町村もあります。**

どうしても公的な家事支援サービスが見つからず、かつ経済的に余裕があるのであれば、企業が行っている有償の家事代行サービスを利用する方法もありますが、やはり高額です。日頃は相談者が帰宅後にやれる範囲で掃除を頑張り、年に数回まとめて有償サービスを利用するのが現実的な方法と言えます。

企業が行っている有償の家事代行サービス（一例）

〈ダスキンホームインステッド〉（2015年4月現在）

【主なサービス内容】

- 家事（掃除、買い物、食事づくり、食事の後片付け、洗濯など）
- 介護（食事介助や車イス介助、歩行介助、トイレ介助、オムツ交換、清拭、部分浴、見守りなど）
- 付き添い（買い物や散歩、観劇の付き添いなど）

【主なサービス料金】

365日同一料金、入会金各種手数料無料、1回2時間〜

東京エリア

基本サービス	午前8時〜午後10時	1回2時間7,560円〜
夜間滞在 12時間パック	午後6時〜 翌午前10時	1回12時間以内 28,080円
サービス移動費	1回につき	540円

神奈川、千葉、埼玉、大阪、兵庫、京都、滋賀エリア

基本サービス	午前8時〜午後10時	1回2時間6,480円〜
夜間滞在 12時間パック	午後6時〜 翌午前10時	1回12時間以内 24,300円
サービス移動費	1回につき	540円

その他のエリア

基本サービス	午前8時〜午後10時	1回2時間5,400円〜
夜間滞在 12時間パック	午後6時〜 翌午前10時	1回12時間以内 24,300円
サービス移動費	1回につき	540円

【介護保険外】男性介護者の役に立つサービス② 配食サービス

料理に関しても、男性介護者が非常に苦労するポイントの一つです。何十年もの月日を料理をせずに暮らしてきて、介護者になったらいきなりできるかと言われたら、やはりそう簡単にはいきません。

ホームヘルプの生活援助で食事をつくってもらうこともできます。しかし相談者の場合は日中独居のために生活援助が受けられていないわけです。

このような場合は、市区町村が行っている高齢者福祉サービスで「食事の配食サービス」がないかを確認してみましょう。**配食サービスは栄養バランスのとれた高齢者向けのお弁当を配達してくれるサービスです。食事を届けるタイミングで安否確認をすることもできる**ので、相談者のお母様のような日中独居のお年寄りには非常に助かるサービスと言えます。

お住まいの自治体で配食サービスを行っていない場合は、民間企業が提供する配食サービスを利用するといいでしょう。家事代行サービスとは違い、配食サービスは手頃な価格帯でサービスを提供してくれる企業が多くあります。

最近は嚥下《えんげ》障害がある人のためのソフト食の配食サービスなど、商品の種類も豊富です。出前やスーパーのお惣菜、レトルト食品もいいのですが、日中の安否確認の意味を考えても、お母様の昼食は配食サービスを使うといいかもしれません。

食べることは生きること。なるべくバランスのいい食事をしたいものです

栄養バランスと安否確認
スーパーのお惣菜もおいしいですが
気がつくと同じものばかり食べています
またこれかい
ほかにいいのがないんだよ
配食サービスだと
お変わりないですか
日中母のことも気にかけてもらえるし
栄養バランスも整うので助かります
炭水化物
たんぱく質
ミネラル
ビタミン
脂質

Q9

父が片マヒになって以来、引きこもりのようになっています。

72歳の父は、半年前に脳出血を起こしたことで右半身にマヒが残り、言葉も不自由になりました。要介護度は3です。

治療とリハビリを終えて3ヵ月前に自宅に帰ってきたのですが、以降ふさぎこんだ様子で自宅に引きこもっています。デイサービスをすすめてみましたが、首を横に振るばかりです。このままでは体もどんどん弱ってしまうのではないかと心配しています。

本人が拒否するので結局介護保険サービスは何も使っていないのですが、いったいどうしたらいいのでしょうか。

A

右マヒは左脳に障害がある状態ですから、右半身の運動マヒに加えて「失語症」といって、言葉がうまく出なくなったり、字が書けなくなるなどの後遺症が出ることがあります。質問者のお父様はおそらく、左脳に障害があることによる右マヒと、失語症の後遺症が出ている状態なのでしょう。

こうした大きな障害が出ると、自信だけでなく意欲までなくしてしまうことがよくあります。**以前のようにできない自分に対して失望しますし、将来を悲観してうつのような状態になってしまうからです。**

お父様が引きこもってしまうのも当然と言えますが、だからといってこのまま放っておいていいわけではありません。周りにいる家族が、**どのような働きかけをしてどのような環境を準備してあげられるかが、その後の回復を大きく左右するからです。**

失語症の特徴

できること	できないこと
●人格や性格は以前と変わらない	●頭にあるイメージを言葉にできない
●相手が誰か、人間関係は認識している	●話を正確に聞きとることができない
●相手の言葉がけの意図は汲み取れる	●文字によるやりとりも難しい
●記憶力や判断力は保たれている	●長い文章の音読などは難しい

訪問リハビリテーションを利用し、言語訓練から始めよう

お父様は外出して、人前に出るほど精神的に回復なさっていないようです。いきなり外に連れ出そうと考えるのではなく、まずは訪問リハビリから始めるように説得してみましょう。

訪問リハビリとは、リハビリ施設に通うのが困難な人のために理学療法士、作業療法士、言語聴覚士などが自宅まで訪問してリハビリを行ってくれる介護保険サービスです。本当はリハビリに通うことができても、集団的な訓練が苦手で1対1の訓練を望む人のために活用することもできます。

お父様の場合は、おもに言語聴覚士による言語訓練がおすすめです。言語聴覚士は仕事柄、多くの失語症の患者を見てきています。なかには劇的に回復した事例や、失語症があっても豊かに生きている人を多く見ているわけです。ですから頃合いを見てそういういい事例を本人に伝えてもらい、失語症と共に生きるビジョンをつくるきっかけにしてもらいましょう。

○ 失語症の人へのいい対応

- 選択肢の中から選んでもらうような声がけを心がけましょう

肉と魚ではどちらが好きですか？
魚
肉 魚

- 本人が受容に苦しみ、悩んでいる時期には無理に励まさず、共感して寄り添ってあげましょう
- 話しかけるときはゆっくり、短い言葉で話しましょう
- 身振り、しぐさ、絵などの視覚も使って会話をしましょう

× 失語症の人への悪い対応

- 漠然とした質問や意見を問うような聞き方は混乱して答えづらいです

好きな食べ物は何ですか？

- 言葉にできないだけで、理解力はあります。子どもに話しかけるような口調だと馬鹿にされていると感じて傷つきます
- 言葉が出ないときに、「あれのこと？」「それともこれ？」などとせっかちにまくし立てずに、相手の反応を待ちましょう

【介護保険外】失語症ライブに代表される、失語症の集いに参加しよう

頃合いを見て担当の言語聴覚士から失語症の先輩を紹介してもらったら、今度は失語症の人が集まる会に顔を出してみましょう。一人で引きこもっているのに比べて、こうした当事者の皆さんと出会えるとその後の人生の輝きがまったく変わってくるからです。

失語症の人の中には、長年のリハビリで日常生活にあまり不自由がないくらいにまで回復した人や、言葉はあまり話せなくても意欲ややさしさに満ちた素敵な人格者など、実にさまざまな人がいます。意欲を持って残りの人生を歩んでもらうためには、こうした**「同じ障害があっても幸せに暮らしている人」**の生きざまを見せてあげて、**仲間をつくることが何よりも大切です。**言語聴覚士と1対1での訓練よりも、人と接し、楽しい時をすごすことがいちばんのリハビリになります。

いい人間関係に囲まれていることが、失語症の人にとってはいちばんのいいケアと言えます

代表的な集団リハビリ「失語症ライブ」

失語症の集団リハビリで、非常に有名な「失語症ライブ」というものがあります。これは失語症の人とボランティアの人がペアになって、歌ったりゲームをしたりする形のリハビリです。

この集団リハビリが「歌う」形式であることには、理由があります。言語は左脳の機能ですが歌は右脳の機能なので、「言葉はうまく出なくても歌なら歌える」という人が少なからずいるからです。

歌が終わると「私のパートナーがいちばん上手だったと思う人は？」と声がかかり、一斉にボランティアの手が挙がります。会場は笑いと拍手につつまれる、そんな温かい雰囲気のリハビリです。お近くで開催される際には、是非参加してみてください。

プライドの高い人には「言い訳効果」を使ったデイサービスがおすすめ

うつのような状態とまではいかなくても、病気をする前と比べて変わってしまった自分を見られたくなくて、家に閉じこもってしまう人はよくいます。

それだけでなく、「介護をされる」ということ自体を屈辱的に感じるお年寄りもいるものです。今のお年寄りが若い頃は介護保険サービスはありませんでしたから、家族以外の人に介護してもらうことに抵抗を感じる人がいるのは仕方のないことだと言えます。

そのような場合は、まずは**短時間で内容特化型のデイサービスの利用がおすすめです。**短時間であればハードルが低くなりますし、「マッサージ」「足湯」「アロマ」「体操」など、内容が何かに特化しているタイプであれば介護保険サービスに通っているという感覚が薄らぎます。たとえば**「毎週火曜日と木曜日はマッサージに行っ**

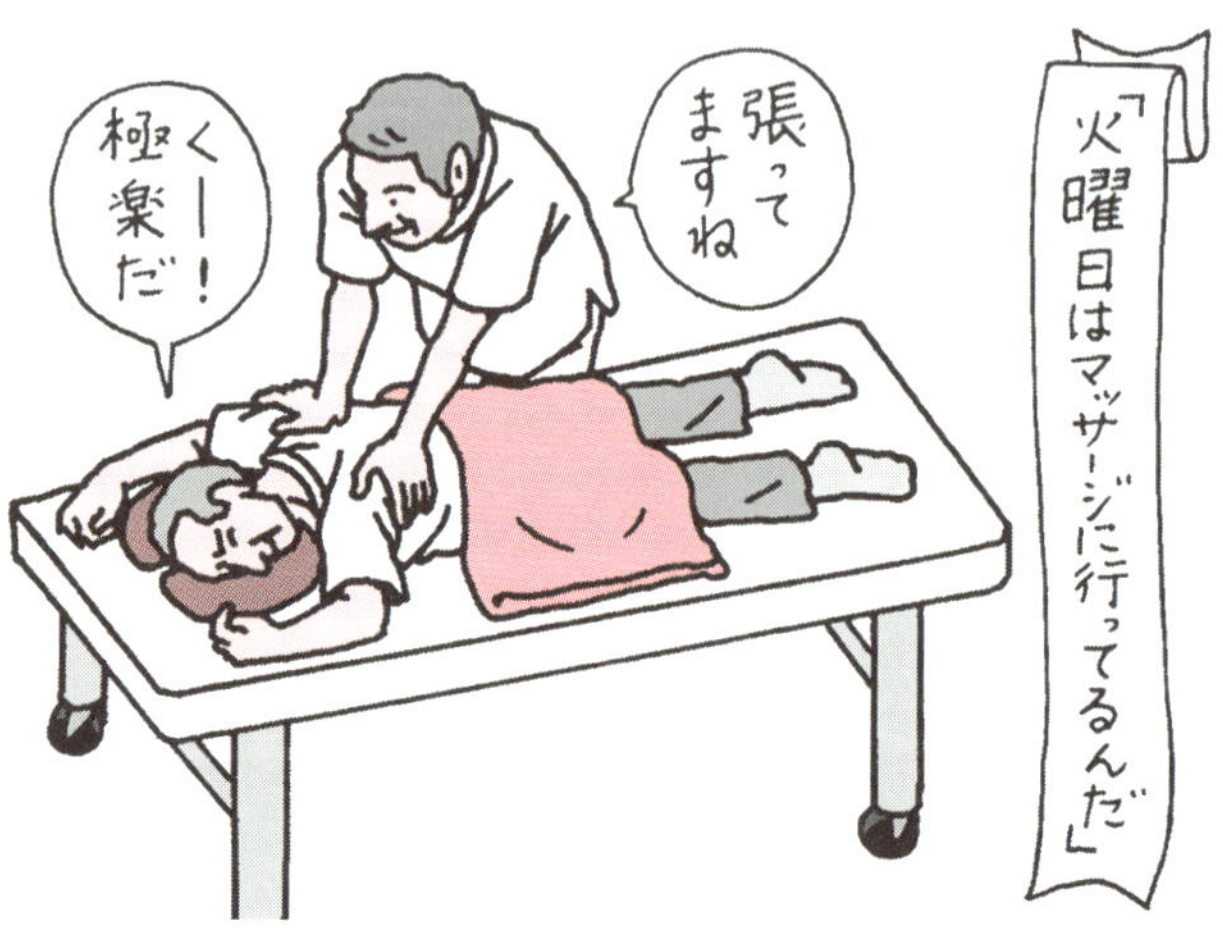

「火曜日はマッサージに行ってるんだ」
張ってますね
くー！極楽だ

ているんだ」と言えれば、本人の面子も保たれるというものです。

もしくはデイサービスではなく、デイケアを利用するという選択肢もあります。デイケアはデイサービスと違ってレクリエーション中心ではなく、おもに医療法人が経営するリハビリをする場です。そうすると「介護されに行っているわけではない。リハビリをしに病院に行っているんだ」と、周りや自分自身に対して言い訳ができるかもしれません。実際、デイケアにはマシーンを使って熱心にリハビリに励む男性の姿が多いものです。

男性にはデイサービスよりデイケアのほうが向いていることも

理由はどうあれ外出が大切
わしゃ介護なんて受けんぞ！
介護じゃないわよ
リハビリに行くだけよ
・・・
専門家に見てもらえるし
専門的なマシーンもあるし
なるほど
ついに引きこもり解消！

Q10

母の認知症がいよいよ深くなってきました。何かいいサービスはありませんか。

60代の主婦です。隣の市で父と二人で暮らしている83歳の母がいるのですが、2年前にアルツハイマー型認知症と診断されました。現在の要介護度は2です。

問題は母が登山好きで健脚なためか、気がつくと遠くまで歩いていて、帰って来られなくなってしまうのです。今までは私と父が交代で母がいなくならないように毎日見張ってきました。しかし最近の母は徘徊の頻度も増え、「子どもが待っているから家へ帰る」などと言い出し、家族だけではもう限界です。

A

お母様は認知症の症状に加えて徘徊があるとのことで、相談者は非常に苦労されていることと思います。徘徊をしないように常に交代で見張るというのは、大変なことです。安易に薬などに頼らず、マンパワーで頑張ってこられたのは本当に素晴らしいことだと思います。

徘徊があると、その理由を考えずに薬で抑制してしまうことがよくあるのです。しかし、**お年寄りを薬で落ち着かせようと思うと、徘徊しなくなってもあっという間に寝たきりになってしまいます。薬を使うよりも扱い方を変えたり、声のかけ方を変えたりするなど、関係性を変えることである程度落ち着かせることもできるのです。**

認知症の介護は家族だけで全てを抱えると大変なので、介護保険サービスを上手に使って家族は自分自身の時間も確保できるようにしましょう。

かつて、徘徊がひどいために医者にすすめられて入院させたら、薬で寝たきりにされてしまった利用者さんのことを後悔とともに思い出します

徘徊が多いのは、いちばん自分らしかった時代に帰ってしまう「回帰型」

相談者のお母様は、徘徊が多いうえに子どもが小さかった頃に戻っているようです。私はこのタイプの認知症を「回帰型」と呼んでいます。

回帰型のお年寄りは、老いてしまった現実の自分が自分自身の考える自分のイメージとあまりにかけ離れているため、過去のいちばん自分らしかった時代に帰ることで自分を納得させているタイプの認知症です。このタイプは昔と今を取り違えていたり、「子どもが帰ってくるから夕飯をつくりに帰らないと」などと、まだ若い頃の自分のつもりで徘徊したりします。

回帰型の認知症の人を落ち着かせるには、**時代を取り違えていても間違いを指摘せずに、話を合わせてあげることです。「お子さんは何歳ですか」などと話を合わせるだけで落ち着いて、徘徊が止まることもあります。**

若い頃から働き者で、仕事や家事・育児を頑張り、頼りにされていた人がなりやすいようです。

タイプ別・よくある認知症の周辺症状とその対策

〈葛藤型〉葛藤型のお年寄りは、老いたり障害を持った現実の自分自身を受け入れられずに葛藤しているタイプです。社会的地位が高かった人や高学歴の人に多く、常に苛立っています。暴力や暴言が出たり、「お金を盗まれる」などの被害妄想が出やすいのも特徴の一つです。家でも施設でも、本人ができる範囲で何か役割を持たせて、感謝したりほめたりすると落ち着きます。

〈遊離型〉遊離型は、老いたり障害を持った自分自身を諦め、現実でも過去でもない自分の世界に閉じこもってしまっているタイプです。あまり自己主張をせず、おとなしかった人がなりやすく、声をかけても反応しなかったり、生きる意欲が失われていきます。デイサービスなどに連れ出して交流やスキンシップを持ったり、庭で野菜をつくるなど活動的にするのが効果的です。

認知症老人徘徊感知器のレンタル

本当なら日中は頻繁にデイサービスなどに通ってもらうのがいちばんですが、要介護2を受けながら毎日見張っているということは、本人が行きたがらないなどの理由があるのでしょう。

その場合、要介護2以上の人がレンタルできる介護用品である「認知症老人徘徊感知器」を使えば、見張っているときの気持ちを少し楽にすることができます。

いつ徘徊が始まるかわからないと、気持ちが休まらないものです。そんなときにこの**センサーを玄関に設置しておけば、玄関を出ようとしたときに別室で警報が鳴るので、見張っている間も気が楽になります。**介護保険を使えば、利用者は月額レンタル料の1～2割負担です。

おもな認知症老人徘徊感知器のタイプ

マットセンサー型

センサーの付いたマットを玄関に置き、誰かが踏んだら別室へ知らせるタイプ

通過センサー型

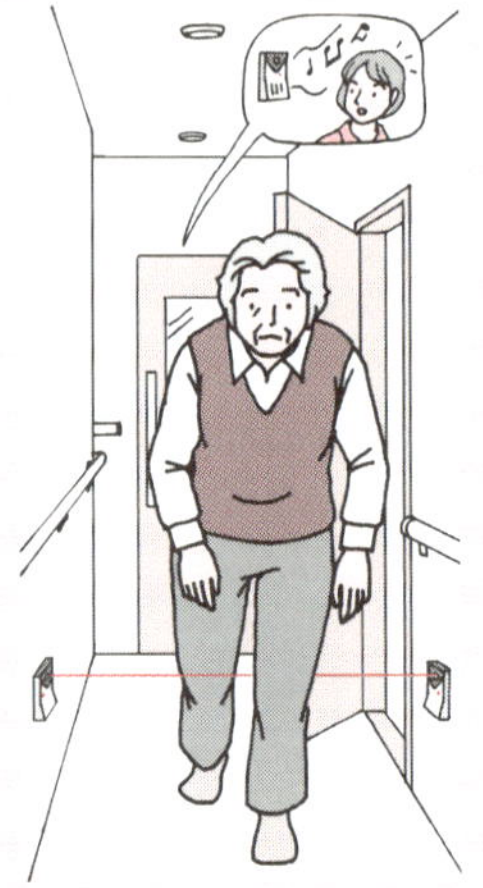

赤外線センサーを玄関に設置し、誰かが通行すると別室へ知らせるタイプ

ただし、この感知器だけでは外に出て歩き出してしまったお年寄りの位置を捜すことはできません。**迷子になったお年寄りを捜すことができるサービスは介護保険内にはないので、民間の企業が行っている有料サービスを利用することになります。**

代表的なのは、セコム株式会社が行っている「ココセコム」です。これはお年寄りがGPS機能の付いた小さな端末を持ち歩くだけで家族は位置を検索できますし、場合によってはセコムのスタッフが現場まで迎えに行ってくれます。

気を張っていなくていいのは、介護疲れをやわらげてくれるものです

移動したときだけ要注意！
いつも注意して見ていたのに
チラッ
ちょっと油断をすると
しまった！トイレの間に！
センサーが入ってから
自室でリラックス
ふだんは自分の自由にすごせています
気をつけるべきときだけ
あ！
外に行くな
わかるので安心です

日中はデイサービスや認知症対応型通所介護（認知症のデイサービス）を利用する

認知症になると生活リズムを保てるかどうかが非常に大切になります。ある日の昼寝をきっかけに昼夜逆転になってしまったり、便秘になっただけで精神状態が乱れるなど、認知症のお年寄りの生活リズムが崩れるとあらゆる面で悪影響を及ぼすからです。

生活リズムを保つには、昼間は活動的にすごし、夜になる頃には適度に疲れている生活を心がけます。そうした一定の生活リズムをつくるには、毎日決まった時間にデイサービスに行くのがおすすめです。デイサービスに行けば、人と会って刺激をもらったり、レクリエーションなどで適度に疲れて帰ってきます。

デイサービスは認知症対応型だと安心ですが、認知症対応型でなくても、たいていの施設は認知症のお年寄りの扱いに慣れているのでどこでも大丈夫です。

日中はデイサービスに行って、集団の中で活動的にすごせると生活リズムをつくりやすくなります

限界に達する前に認知症対応型共同生活介護（グループホーム）を検討しよう

グループホームは認知症のお年寄りが、少人数で家庭的な雰囲気の中で共同生活を送る場です。24時間体制の見守りサービスが付いた下宿に入るようなイメージと言えます。相談者が将来的に、お母様がご自宅で暮らすことに限界を感じた場合、選択肢の一つとしてグループホームの存在を頭の片隅に置いておくといいでしょう。特養は満員でも、こちらなら入れるかもしれません。

グループホームは基本的には個室で、キッチンやリビング、浴室などは共有します。ケアを一方的に受けるのではなく、**認知症の進行を遅らせるためにも料理や洗濯物をたたむなど、自分でできる家事は自分で行うことがグループホームの基本姿勢です。**

なお、入居を考える際には「どうなったら退去させられるのか」をしっかり確認しておきましょう。

体が動くお年寄りは、スタッフに見守られながら家事を担います。役割があったほうが生活に張り合いが出るものです

認知症のお年寄りの強い味方・民家を使ったデイサービス「宅老所」

「宅老所」と呼ばれる介護施設をご存じでしょうか。これは一般的な施設とは違い、**民家か民家に近いつくりの建物を使って、少人数でこぢんまりとデイサービスを行う施設のことを「宅老所」といいます。**

そもそも宅老所は介護保険制度が始まるよりもずっと前に、志のある個人が自発的に始めた事業です。ですから、子どもと障害者とお年寄りを一緒に預かって生活したり、自宅を開放して行っていたり、自主事業として2階の和室にお泊まりさせてくれたりして、近所に住むご家庭の在宅介護の命綱として活躍してきました。

各宅老所によってサービスの内容はまちまちですが、全体的に共通しているのは家庭的な空気と関係づくりを重要視する点です。**無理にレクリエーションなどは行わず、テレビを見たり、将棋をしたり、料理をしたりと、**

利用者それぞれが自由にすごすので、介護を受けているという感覚が起きづらくなります。

スタッフに制服などはなく、私服で一緒に話しこんだり料理をしたりしているので、一見すると誰が利用者で誰がスタッフなのか見分けがつかないことがあるほどです。徘徊をする人がいたら玄関に鍵をかけるのではなく一緒について歩いてくれるような、温かい介護です。

どの施設にも通いたがらなかった認知症のお年寄りも、宅老所であれば気軽にお茶を飲みに行ってくれるという場合も多く、お住まいの地域にいい宅老所があるお年寄りは非常に幸運です。

民家であるという気軽さが、認知症のお年寄りを安心させます

介護だと気づかない!?
茶ー飲みに来たぞー
いらっしゃい
デイサービスと思わず
毎日飲みに来ています
たまに利用者同士ケンカもしますが
まあまあ
それも日常の一コマ
テレビ
料理
ケンカ
みんなその人らしく毎日を過ごしています

Q11

人工透析をしている姑が入院をきっかけに弱ってしまい、今後が心配です。

同居している87歳になる姑は、10年ほど前から人工透析を受けています。定期的に病院に通って透析を受けなければなりませんが、それ以外は大きな問題もなく基本的に元気でした。

そんな姑が先月、風邪をこじらせて1週間ほど入院しました。退院したら驚くほど体が弱っていて、現在はほとんど一人では歩けない状態です。

今後の介護ですが、姑は透析をしているので医療面もカバーしながら介護をしていくにはどうしたらいいのでしょうか。

A

医療的ニーズの高いお年寄りを在宅で介護するというのは、不安がつきものです。在宅での本格的な介護はまだ始まったばかりのようですから、まずはケアマネジャーに相談をして、担当医を招いた居宅療養管理指導を受けることをおすすめします。

居宅療養管理指導というのは介護保険サービスの一つで、医者や歯科医、歯科衛生士、薬剤師など医療面の専門家が自宅を訪問し、アドバイスや指導をしてくれるサービスです。このサービスを利用して、**今後在宅で介護するに当たって注意すべき点や、どうなったら医療従事者に診せるべきかの判断など、気になることを医者に直接聞いておきましょう。**

なお、このサービスは毎月の支給限度額の対象外です。**その月のサービス利用枠が余っていなくても関係なく、1～2割負担で利用することができます。**

医療的管理下で受けられる介護保険サービスを中心に利用しよう

担当のケアマネジャーと一緒に医者のアドバイスを聞いたら、今度はそれをもとにケアプランを立ててもらいます。**介護保険サービスの中にも、医療的なニーズが高い人のために医療的管理下で受けられるサービスがあるので、それらを上手に組み合わせたケアプランにしてもらえると安心でしょう。**

たとえば相談者のお義母様の場合はほとんど歩けない状態で退院されたようなので、最初はホームヘルプやデイサービスなどの定番サービスを組み合わせるよりも、訪問看護と訪問リハビリを中心にケアプランを立てることも考えられます。

それからだんだんと回復されてきたら、今度はデイケアを利用するのもいいでしょう。デイケアは基本的に医療法人が経営している施設が多いため、デイサービスよ

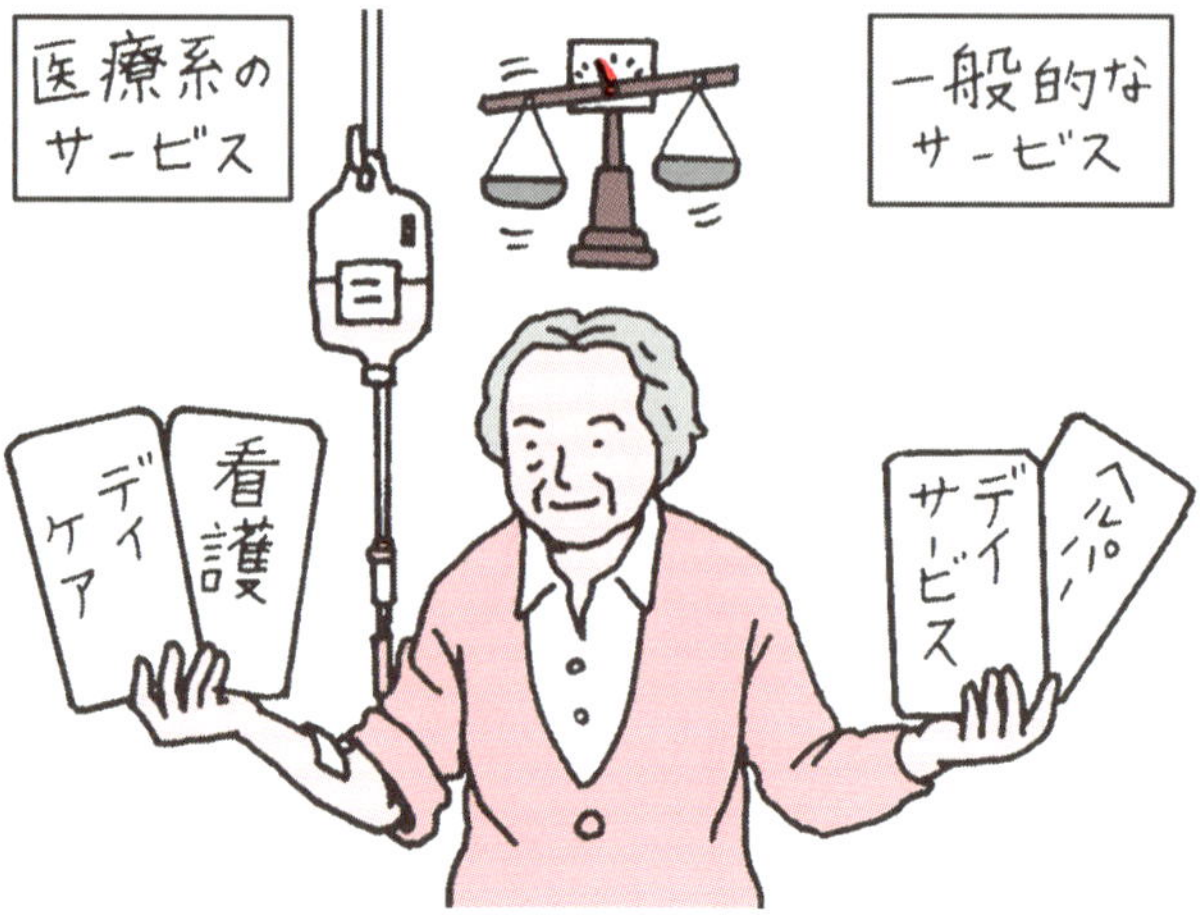

りも医療系のスタッフが多くいます。リハビリだけでなく、**健康面で配慮してほしいお年寄りにとっても、デイケアは比較的安心です。**

今後の在宅介護生活が長引いて相談者が疲れてきた場合には、ショートステイを利用することも考えられます。そのときは「短期入所生活介護」タイプのショートステイよりも、「短期入所療養介護」タイプのショートステイがおすすめです。**短期入所療養介護は医療系施設に併設されているショートステイなので、いざというときに医療的なケアが比較的手厚く受けられます。**

医療系の介護保険サービスは、健康面で配慮が必要な人にピッタリ

医療と介護との違い
訪問看護って看護なのに介護保険なの？
医療保険じゃないのって大丈夫かな？
訪問看護
昔は医療保険だったんですよ
2000年以降は介護保険が優先となりました
今は末期ガンなどの難病の人だけが医療保険を使いますが看護の質は同じです
へー
ただ引きこもり防止のためにも早めに外出系のサービスに切り替えられるといいですね
デイケアとか

ヘルパーによる通院等乗降介助を利用しよう

これまでは人工透析にご自分で通えていたお義母様も、今後は介助が必要になるかもしれません。その場合、基本的には相談者が付き添うことになるでしょう。しかし、どうしても相談者の都合がつかないときなどは、「ヘルパーによる通院等乗降介助サービス」の利用をおすすめします。**ヘルパーによる通院等乗降介助とは、別名「介護タクシー」とも呼ばれている介護保険サービスです。**

介護タクシーに病院の送迎などを申し込むと、**ホームヘルパーの資格を持った運転士が来て、自宅からタクシーに乗せて病院に連れて行ってくれます。**帰りもお願いした場合、病院からタクシーに乗せて、自宅の居室に帰すところまでの介助をしてくれるサービスです。

料金はタクシー運賃と乗降介助費の両方を支払います。両方といっても乗降介助費は介護保険が使えるので1～2

割負担ですし、タクシー運賃と合わせても本来かかるはずの料金よりはだいぶ割安です。

ふつうのタクシーを呼んでも、乗降介助は基本的に期待できません。ですから、たとえば居室から車イスに乗せて玄関を出て、タクシーに乗せるところまで介護者が介助する必要があります。しかし**介護タクシーなら、ヘルパーが居室から利用者を車イスに乗せるところから介助できるので、介護者がまるきり不在であっても安心して通院させられる点が大きなメリットです。**

ヘルパーの資格がある運転士さんなので、安心して任せられます

介護費は医療費と合算して医療費控除の対象になります

お義母様は人工透析をしておられるとのことですので、1年の内に自己負担する医療費が比較的高額になるかもしれません。人工透析ではなくてもお年寄りは持病を抱えている人も多いので、医療費が高額になりがちです。そこに介護保険サービスの自己負担分も加わるとなると、経済的には大変になります。

その場合に知っておいていただきたいのが、**介護保険サービスでかかった自己負担分も、医療費控除に計上することができるということです。**

医療費控除とは、その年の1月1日から12月31日までの間に、生計を一つにする家族が支払った医療費と介護サービス費の合計額が10万円を超える場合、確定申告をすると還付金がもらえる制度のことをいいます。

これは差額が全て返ってくるという話ではありませ

医療費控除の対象となる金額

「医療費控除の対象になる医療費や介護費から、保険金等で補填された金額を引いて、あまりが10万円を超えた分」

※総所得200万円未満の人は
総所得金額等×5％を超えた分

上記金額にかかる税金分が還付される

ん。医療費等が10万円を超えた場合、その医療費にかかる所得税分を還付しましょうという話です。あくまで「余分に支払う税金部分だけを還付します」という制度なので、還付金はあまり高額にはなりません。それでも申請しないよりは確実にお得ですので、医療費と介護サービス費が年間10万円を超える場合は、確定申告にて医療費控除の申請をするといいでしょう。

この医療費控除の対象となる介護サービス費は、訪問看護、訪問リハビリテーション、居宅療養管理指導、通所リハビリテーション、短期入所療養介護、定期巡回・随時対応型訪問介護看護などがあります。これ以外にも医療系のサービスと併せて利用すれば対象となるサービスもありますので、ケアマネジャーに相談してみるといいでしょう。

確定申告では領収書が必要になるので、介護保険サービスの領収書は捨てずにとっておきましょう。

医療費控除の対象となる主な医療費（一例）

- 歯の治療にかかった費用
- 治療目的で医者に処方された薬代
- 病院、診療所、介護老人保健施設、介護療養型医療施設、指定介護老人福祉施設、指定地域密着型介護老人福祉施設または助産所における入院費
- あん摩マッサージ指圧師、はり師、きゅう師、柔道整復師による施術の対価（ただし、疲れを癒したり、体調を整えるといった治療に直接関係のないものは含まれません）

Q12

福祉用具のレンタルや購入をする際に、どれを選んだらいいのかわかりません。

父が現在、老健に入所しています。父は現在76歳で、2ヵ月前に脳出血で倒れて左半身がマヒしてしまったのです。

これをきっかけにわが家でも簡単な住宅改修を行うなど、もうすぐ退所してくる父を受け入れる準備を行っているのですが、福祉用具のレンタルや購入をする際にどれを選んだらいいのかわからなくて困っています。ケアマネジャーさんがいろいろなパンフレットをくれるのですがさっぱりわからないので、選ぶためのポイントがあるようでしたら、教えてください。

A

どの介護用品を選ぼうかと頭を悩ませているというのは、非常に賢い介護家族ですね。「どうせ全部介護用に開発されているのだから、どれを選んでも問題ないだろう」と思って適当に選んでしまう人が非常に多くいます。

しかし、適切な介護用品を選ぶのは意外と重要なことです。85頁でベッドの選び方についてご紹介しました。下のイラストのように、介護用品で間違ったものを選ぶと回復が遅くなったり、最悪の場合はベッドが原因で寝たきりになってしまうことがあるほどです。

全ての介護用品に吟味を重ねろとは言いませんが、**介護をするうえでポイントとなるベッド、車イス、ポータブルトイレの3点については、しっかり体に合ったものを選んでほしいと思います。**

ベッドについてはすでにご紹介しましたので、ここの質問ではほかの2点についてご紹介しましょう。

狭いベッドの悪循環

ベッドが狭い → 寝返りをうつと落ちてしまう → 寝返りできないから起き上がれない → 「寝返りも起き上がりもできない」寝たきりへ……

モジュール式車イス

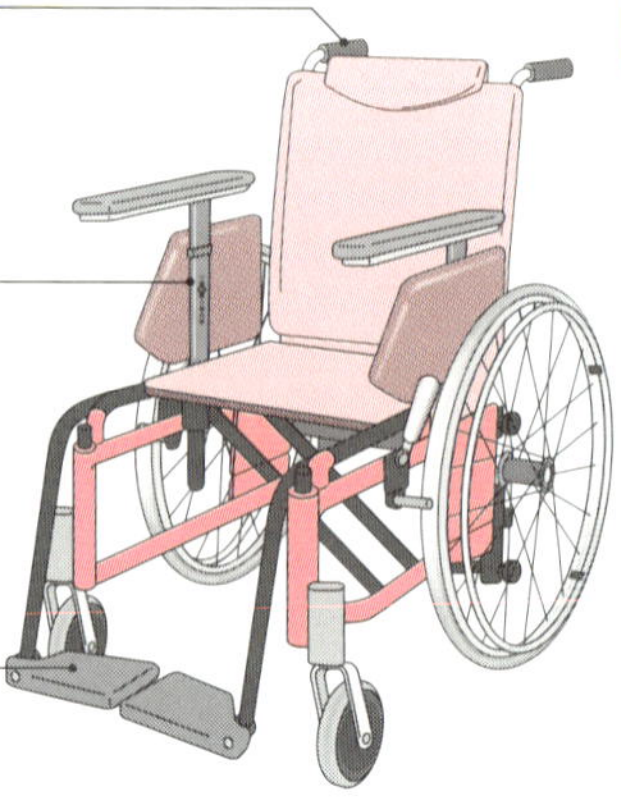
グリップの高さが変えられると介護者にとって便利
適切な姿勢を保つために、アームレストの高さを変えられると便利。移乗するときに外せると楽にできる
フットレストが外せると、移乗するときに便利

車イスの選び方

車イスは「座る」「移動する」「移乗する」という3つの行為のために非常に大切な道具です。頻繁に使う道具なので、本人の体に合ったものを選びましょう。

特にシート幅は重要です。狭ければ痛くなりますし、広ければ姿勢が不安定になります。**座った状態で、お尻の左右に2～3cmずつゆとりがあるシート幅のものを選ぶと、ちょうどいい大きさです。**

フットレストの長さは太もも全体に体重がかかるように、長過ぎず短過ぎない長さに調節しましょう。アームレストは、ひじを乗せたときにひじが90度に曲がるくらいがいい位置です。ここで腕を支えられると、お尻にかかる負担を軽減することができます。

このように細かく調節したいので、**体に合わせて部品を交換できるモジュール式車イスがおすすめです。**

ポータブルトイレの選び方

トイレに歩いて行けるようになるまでの移行期間に使用したり、夜間のみ使用する人、脚力が弱ってきたけどまだオムツにはなりたくない人など、意外と幅広い症状の人に役立つのがポータブルトイレです。

いろいろな商品がありますが、**必ず便座の下に空間があるタイプを選びましょう。**便座の下に空間がないと、立つときに足を引くことができません。脚力の弱っているお年寄りにとって、足を引かずに立ち上がるのは至難の業です。しかし、便座の下に空間があるだけで、驚くほどあっさり立ち上がることができます。

また、ポータブルトイレはベッドのすぐ隣に置くのがもっとも有効です。いかにも「トイレです」という見た目の商品よりも、**家具調のポータブルトイレを選ぶと違和感なく部屋の真ん中に置くことができます。**

Q13

腰痛がひどく日常生活がやっとの姑が「要支援2」に認定されました。

夫の田舎で一人暮らしをしている姑（75歳）は非常に重い腰痛があり、家の中を移動するのもやっとの状態です。家が遠くてなかなか手伝いに行けないので、私たち夫婦はいつも心配しています。

そこで、お迎えのバスに乗ってデイサービスに行ったり、ヘルパーさんが来て家事などを手伝ってくれたら安心かな、と思い要介護認定を受けてもらいました。すると、要介護ではなく「要支援2」という結果でした。

要支援の人はどのようなサービスを受けられますか。

A

お義母様は要支援2に認定されたということですから、まだ本格的に介護が必要な状態ではない、と判断されたことになります。要支援に認定された人が受けられるサービスは、今後介護が必要な状態にならないようにするために行われる「介護予防サービス」です。

この介護予防サービスは、現在過渡期にあります。2015年の介護保険法の改正によって、要支援の人が受けるサービスの一部が介護保険サービスから外れ、市区町村が運営する地域支援事業に移行することになったからです。

これまでは要介護の人が受けるサービスと同じように、介護保険によって要支援の介護予防サービスが行われてきました。しかし2015年から2017年の移行期間を経て、**今後は要支援のサービスは各自治体によって大きな違いが出ることになりそうです。**

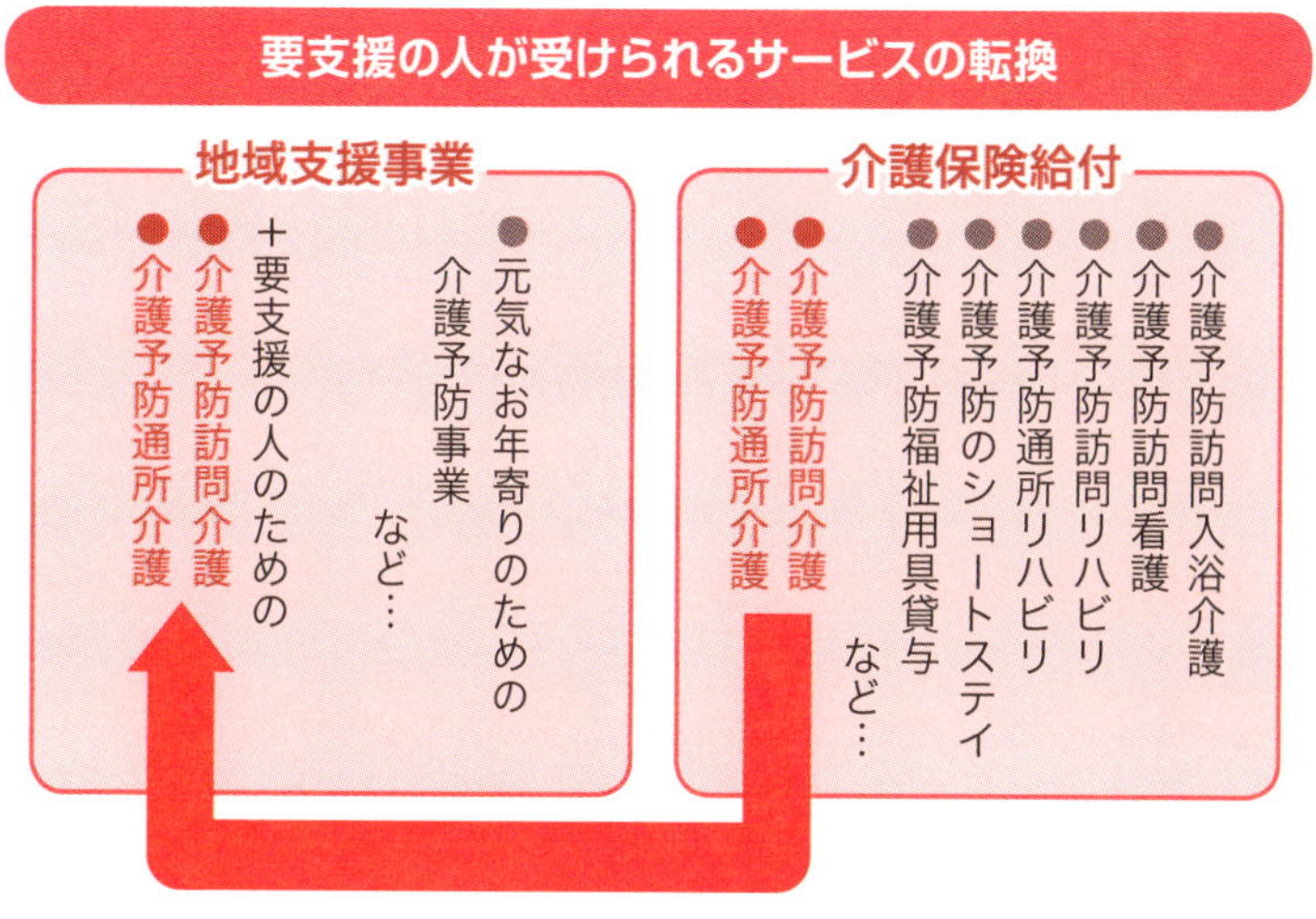
要支援の人が受けられるサービスの転換
介護保険給付
●介護予防訪問入浴介護
●介護予防訪問看護
●介護予防訪問リハビリ
●介護予防通所リハビリ
●介護予防のショートステイ
●介護予防福祉用具貸与
など…
●介護予防訪問介護
●介護予防通所介護
地域支援事業
●元気なお年寄りのための介護予防事業
など…
+要支援の人のための
●介護予防訪問介護
●介護予防通所介護

要支援に認定されたら、まずは地域包括支援センターに行こう

要支援の人の総合窓口となるのは、それぞれの地域に設置されている地域包括支援センターです。**要支援の人が地域包括支援センターに行くと、ケアマネジャーがその人の状態に沿ってケアプランを立ててくれます。**

要支援の人が受けられる介護予防サービスは、要介護の人が受けられる介護保険サービスに比べて限定的です。**支給限度額が低かったり、受けられないサービスやレンタルできない介護用品があったりします。**随所に制限はありますが、これまで腰が痛むのに全てを自分でやってきたお義母様にとっては、生活が楽になるようなサービスもあるはずです。

ただし、要支援のサービスは「介護を予防する」サービスなので、「買い物に気軽に行けるように筋力トレーニングをする」などの目的や自主性を求められます。

介護予防サービスを受けるための流れ

「要支援」認定の通知を受け取る
→ 地域包括支援センターに行って面接する
→ 役所に「介護予防サービス計画作成依頼届出書」を提出する
→ ケアプランの作成、サービス担当者会議、事業者との契約を経て、サービスを開始

要支援の人が受けられるサービス（現在過渡期のもの）

●介護予防訪問介護（ホームヘルプサービス）

これまで、介護予防サービスの中で大きな人気を集めてきたホームヘルプサービスですが、今後は各市区町村が実施する地域支援事業に移行することが決まっています。

お住まいの地域がどのようなホームヘルプサービスを実施するかによって、中身に大きな差が生まれそうです

●介護予防通所介護（デイサービス）

ホームヘルプと並んで、介護予防サービスの中で絶大な人気を誇ってきたデイサービスも、地域支援事業に移行することになりました。お住まいの地域でどのようなデイサービスが行われるかは、地域包括支援センターに問い合わせるといいでしょう

要支援の人が自宅で受けられる介護予防サービス

●介護予防訪問リハビリテーション

通院が難しい人のために、理学療法士、作業療法士、言語聴覚士などが自宅に来てくれて、機能訓練をしてくれるサービスです

●介護予防訪問入浴介護

看護職と介護職が自宅に来て、簡易浴槽を使って入浴をさせてくれるサービスです。自宅で入浴ができない理由があることが条件となります

●介護予防訪問看護

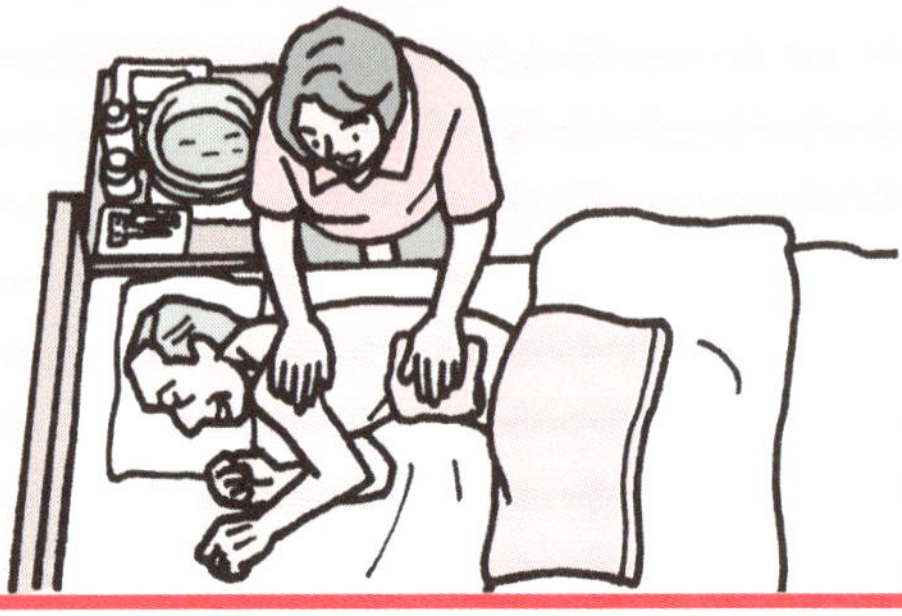

看護師や理学療法士などが医者の指示を受け、介護予防を目的とした医療的な世話をしてくれるサービスです

●介護予防居宅療養管理指導

医者や歯科医、薬剤師、管理栄養士などが自宅に来て、介護予防のための指導や助言をくれるサービスです

●介護予防福祉用具貸与

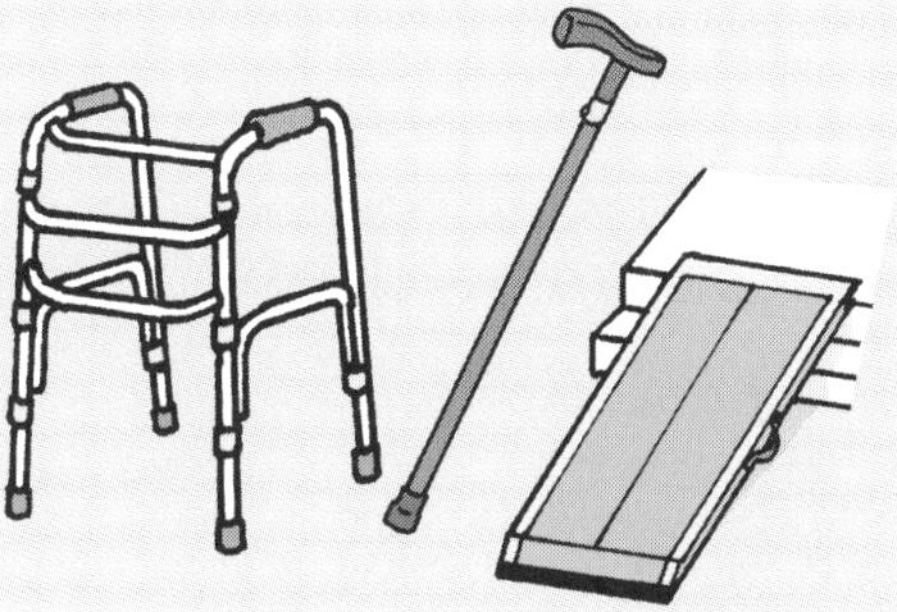

要支援の場合は手すり、スロープ、歩行器、歩行補助杖の4種類だけが、介護保険によって1〜2割負担でレンタルできます

●特定介護予防福祉用具販売

トイレや入浴関連などの、衛生的な問題でレンタルしづらい介護用品は、同一年度10万円以内であれば1〜2割負担で購入することができます

●介護予防住宅改修

介護予防を目的とした住宅改修は総額20万円まで利用でき、先に支払っておけば費用の8〜9割が返ってきます

要支援の人が出かけて受けられる介護予防サービス

●介護予防通所介護／通所リハビリ

介護予防を目的として、入浴、レクリエーション、リハビリなどのサービスが要支援度別に１ヵ月の定額制で利用できます

要支援の人が特定施設で受けられるサービス

●介護予防特定施設入居者生活介護

有料老人ホームなどに、介護予防を目的として入居することです。要支援度や施設が提供するサービスの内容によって料金を決定します

要支援の人がお泊まりで受けられる介護予防サービス

●介護予防短期入所生活介護（ショートステイ）

介護予防を目的として、福祉施設に短期間入所して生活援助を受けることができます

●介護予防短期入所療養介護（ショートステイ）

介護予防を目的として、医療施設に短期間入所して、リハビリなどを受けることができます

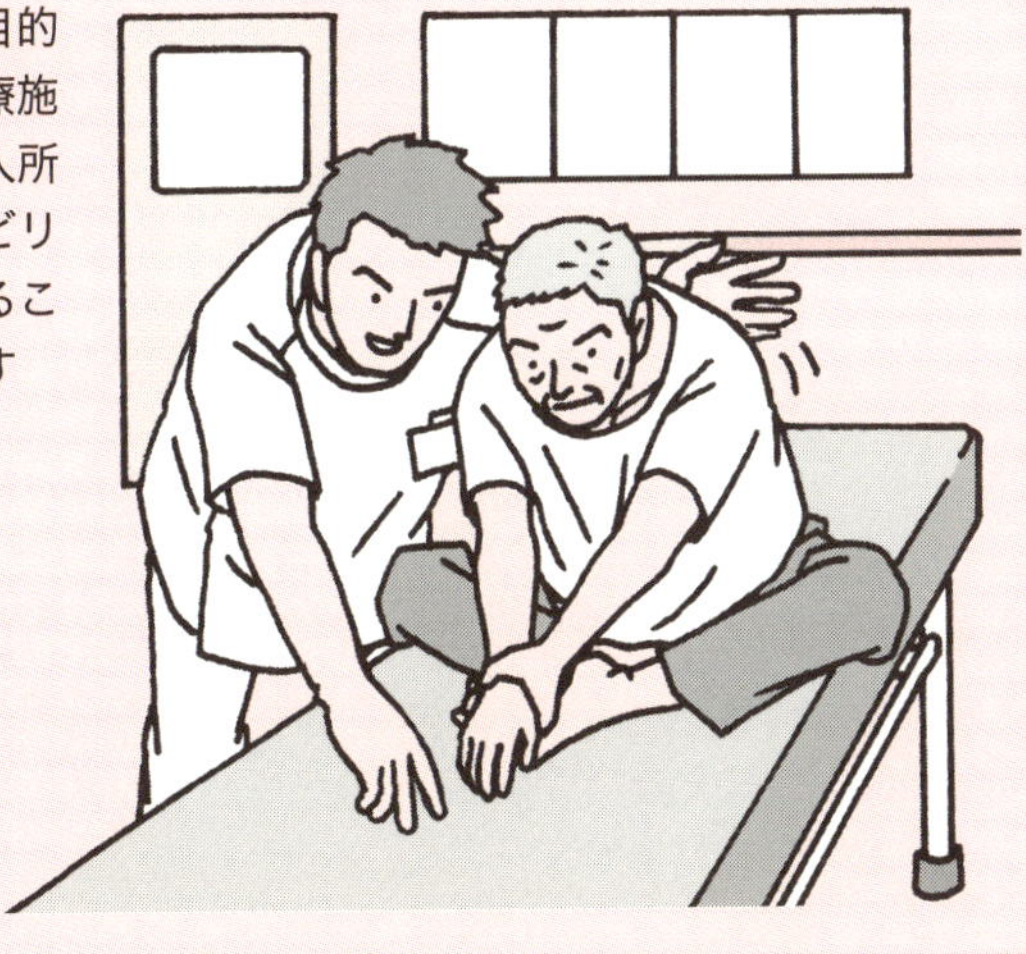

要支援の人が受けられる地域密着型の介護予防サービス

●介護予防小規模多機能型居宅介護

介護予防を目的として、小規模多機能型居宅介護の事業所に登録をします。「通い」「訪問」「泊まり」を組み合わせて利用できるサービスです

●介護予防認知症対応型通所介護

介護予防を目的として認知症専用のデイサービスに通い、食事や入浴などの世話を受けられるサービスです

●介護予防認知症対応型共同生活介護（グループホーム）

要支援1の人は利用できません。利用できるのは要支援2の人だけです。認知症の人が少人数で、スタッフの力を借りながら共同生活を送ります

利用できないサービス

要支援の人はあくまで「本格的な介護を受ける必要はない人」という、自立と要介護の間にある存在です。ですから、下記にあるような「要介護度の重い人を対象としている介護保険サービス」については受けることができません。

逆に**現在の生活の状況から見てどうしても下記のサービスを受けたい場合は、要支援よりも介護度が進んでいる可能性があります。**区分変更の申請を視野に入れて検討するといいでしょう。担当のケアマネジャーに相談してみてください。

✖ 要支援の人は利用できないサービス

- ✖ 夜間対応型訪問介護
- ✖ 地域密着型特定施設入居者生活介護
- ✖ 地域密着型介護老人福祉施設入所者生活介護
- ✖ 定期巡回・随時対応型訪問介護看護
- ✖ 看護小規模多機能型居宅介護
- ✖ 特別養護老人ホームへの入所
- ✖ 介護老人保健施設への入所
- ✖ 介護療養型医療施設への入所

コラム 2

介護に「サービス」というコトバは相応しくない

介護保険制度では「サービス」というコトバが多く使われるようになりました。もともと「デイサービスセンター」というふうに使われてはいましたが、「介護保険サービス」とか「サービス担当者会議」などと、大々的に使われるようになったのは介護保険制度が始まってからです。

でも私は、この「サービス」というコトバ、介護には相応しくないと感じています。「サービス」の語源を調べてみると、ラテン語の「奴隷」なんだそうです。

つまり、「お金をもらったぶんだけ、あなたの奴隷になりましょう」というのがサービスだというのです。いまの日本のサービス業の世界にはぴったりだと思いませんか？

細かいマニュアルによる過剰サービス、長時間労働によるノイローゼや過労死という現状を見ると、「奴隷」はオーバーではないと思えてきます。

介護の世界も、そんなサービス業になりつつあります。「御利用者様」なんて呼称もその一つです。不自然ですよね。そんなふうに呼ばれると喜ぶだろうと思っていることが失礼ですよね。

本当の介護は、そんな「サービス業」ではないと思います。それどころか、商売の原則である「等価交換」すらも通用しない世界なのです。なぜなら、いい介護って「贈与」に近いんです。

でも、それじゃ制度にならないから、介護を点数化してお金に換算することで資本主義の世界に適応させたんですよね。

だから、お金になるからやるんじゃなくて、困っている人がいるからやらざるをえなくてやる、その結果、お金にもなる、これが介護の本質だと思うんです。

第3章

介護保険サービス内では できないことQ&A

Q14

ヘルパーさんって家事をしてくれるのではないのですか。

今年80歳になる母は近年、腰が痛くて動くことが非常に大変そうです。一人娘である私は仕事がありますし、実家も遠方なので頻繁に手伝いに行くこともできません。

そこで母にやっとの思いで要介護認定を受けてもらって、週に3日ヘルパーさんに家事をお願いできる運びになったのです。

ところが先日、母に電話をすると「ヘルパーさんに何をお願いしたらいいのかわからず、結局家事は全部自分でしている」と聞いて驚きました。いったい何のためのヘルパーさんなのでしょうか。

A ヘルパー（訪問介護員）の援助内容については、介護現場で頻繁に行き違いが起きる問題の一つです。

訪問介護は、介護保険制度によってさまざまな制約を受けています。つまり**「やっていいこと」と「やってはいけないこと」が、介護保険制度によって非常に細かく決められているのです。**

そもそも訪問介護は「自立支援」の一環として行われています。ですから「自立して生きてもらうために、**要介護者が自分でできることは自分でしてもらって、できない部分だけを手伝う」という前提条件があるのです。**その前提条件の下で「やっていいこと、いけないこと」が決められています。

その結果、相談者のお母様はひととおりの家事を何とかできるため、この担当のヘルパーは見守りに徹することになってしまったのではないでしょうか。

訪問介護においては「見守り」も立派な生活援助に該当します。ですから、決して「援助をしてくれない」とは言えないのです。また、お年寄りの中には人に頼ることが苦手で、「今日はヘルパーさんが来るから、お掃除をしておかないと」などという本末転倒な場合もあります。

いずれにしても、サービスを利用するに当たって、**「何を目的として、何をお願いするのか」を、改めてお母様やケアマネジャーと話し合う必要があるでしょう。**

お願いする内容を検討する際に気をつけたいこととしては、訪問介護は企業が提供しているような家事代行サービスとは違って、内容に制限があります。**「現在は何に困っていて、本当に必要な援助は何なのか」の優先順位を考えながら検討することが大切です。**

ヘルパーができないこと①「日常生活の援助」に該当しない行為

生活援助のサービス内容は**「日常生活に必要不可欠な事柄に対する援助」と決められています。**ですから日常生活に支障をきたさない行為はお願いすることができません。同じ理由で、日常で行われる家事の範囲を超えるような特別な家事も、お願いすることができないので注意が必要です。

特に掃除となると、家を大切にしている人は、元気な頃自分がしていたような入念な掃除を期待しますが、ヘルパーができるのは清潔の保持レベルです。

やらなくても日常生活に支障がないとされる行為

- 犬の散歩
- 猫の餌やりなどのペットの世話
- 庭の草むしり
- 花の水やり
- その他庭の掃除
- ベランダの掃除など

日常で行われる家事の範囲を超える行為

一年に数回しかやらないこと

- おせちづくり
- 年越しそば
- ペンキ塗り
- 家屋の修理
- 大掃除
- 床のワックスがけ
- 窓のガラス磨きなどの大掛かりな家事
- クリスマスディナーなどの行事食をつくること

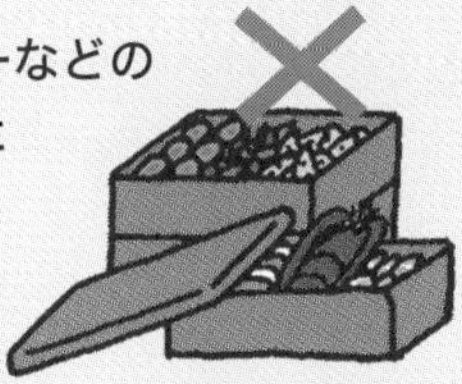

- 家具の移動や部屋の模様替え
- 家具の修理・修繕作業

ヘルパーができないこと②「本人だけのため」にならない行為

訪問介護が有償の家事代行サービスと大きく違う点は、「要介護者のためだけにサービスを行うこと」だと言えます。要介護者本人以外の人の利益になる行為は、行うことができません。そのため**「家族ができること・家族がすべきこと」と考えられる行為は、サービスの対象外です。**

本人だけのためにならない行為（一例）

● **来客の応対**
（お客様へのお茶出し、お客様のための食事の手配など）

● **利用者以外の人のための家事**
（利用者以外の人のための食事の準備、洗濯、買い物、ふとん干しなど）

● **家族との共用部分の掃除**
（トイレ、浴室、リビング、廊下などの掃除）

●自家用車の洗車や清掃　●ドライブ
●美容院や散髪に連れていく
●外食に連れていく

●法事や冠婚葬祭、お墓参りなどの付き添い
●町内会や地域のイベントなどの付き添い
●日用品以外（贈答品など）の買い物の付き添い
●友人の家に遊びに行くための付き添い
●カラオケや映画館など、娯楽の付き添い

ヘルパーができないこと③ 大部分の医療行為

ヘルパーは訪問看護師とは違い、医療的な資格を持っていません。そのため、大部分の医療行為は訪問介護サービスの対象外です。

そうはいっても訪問看護は値段が高いので、あまり頻繁に利用することはできません。体温測定や血圧測定、爪切りなどの簡単な医療行為はヘルパーでもできます。また、**「痰の吸引」や「経管栄養への栄養剤の注入」は、特定の研修を受けた介護士であれば対応可能です。**

✕ 基本的に医療行為は行えません

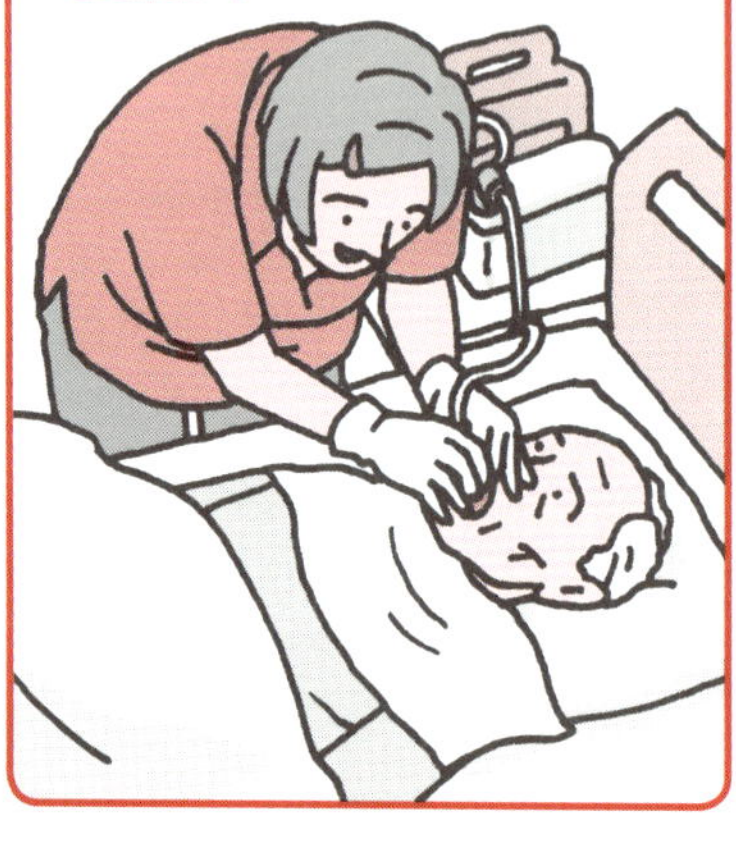

○ 特定の研修を受けた介護士は、「痰の吸引」と「経管栄養」ができます

ヘルパーができないこと④ 金銭・貴重品の扱い

ヘルパーにお金を預けて買い物に行ってもらったり、キャッシュカードを預けて預金を引き出しに行ってもらうなど、**本人の財産にかかわることは訪問介護のサービス対象外です。**ただし直接金品を扱うのではなく、買い物の付き添いや銀行に行くためのお手伝いをすることはできます。

どうしても金銭の管理を任せたい場合はヘルパーではなく、**成年後見人や日常生活自立支援事業が妥当です。各地域の社会福祉協議会に問い合わせてみましょう。**

×
金銭や貴重品の管理を頼むことはできません

×
預金の引き出し等はできません

「ヘルパーができること」を上手に活用しましょう

ここまで、ヘルパーができないことをご紹介してきました。これだけを見ると「ヘルパーは何もしてくれないじゃないか」と感じる人もいるかもしれませんが、**訪問介護は上手に活用できれば非常に便利なサービスです。**

漠然と「ヘルパーさんに家事をしてもらおう」と考えると、あまり必要としていない援助ばかり

✕ **しっかり意思を伝えないと、余計な気苦労と仕事が増えてしまうことも**

ヘルパーに遠慮してしまう
ヘルパーさんが来るから
お掃除しておかなきゃ
こんにちはー
さあお茶どうぞ
たたみ方が違うわ…
ヘルパーさん終了後
結局やり直すことに

になってしまうことになりかねません。**大切なのは、自分が現在の生活の中で何を負担に感じていて、どんな援助を必要としているのかをしっかりと把握することです。**

自分ができることまで人任せにしてしまうと、生活能力が衰えていってしまいます。腰が痛いのであれば腰に負担がかかる家事を中心にお願いする、洗濯物のたたみ方にこだわりがあるならしっかり伝える、など意思の疎通を図りながら利用することを心がけるといいでしょう。

納得できないことがあれば、訪問介護事業所のサービス提供責任者と話し合ってください。

自分でできること、できないことを整理して、家事分担しながら的確に頼む

できないことだけを頼もう
こんにちはー
あ、どうも
腰が痛いので干しものをお願いします
はーい
ヘルパー
本人
ガー
掃除機かけたので雑巾がけをお願いします
はーい

Q15

食費は自己負担と聞きましたが、ほかにも自己負担する費用はありますか。

今年で71歳になる父は交通事故の影響で歩行が難しくなり、要介護3に認定されました。

まずはデイサービスから介護保険サービスの利用を始めようと思うのですが、説明を伺ったら食費は自己負担とのことでした。将来的にはショートステイなどの利用も視野に入れているのですが、介護保険による利用料以外に、自己負担する項目がどれくらいあるのかがさっぱりわかりません。いったいどれが介護保険サービス内で、どれが全額自己負担するものなのでしょうか。

A

「介護保険サービスであるデイサービスを、1~2割の自己負担で利用する」とは言っても、**実際にはデイサービスで提供される食事代を始めとして、保険給付の対象ではないために利用料金以外の費用が発生する項目がいくつかあります。**いったい何が保険給付範囲内で、何が保険給付に含まれずに全額自己負担となるのでしょうか。具体的に見てみましょう。

また、全額自己負担になるものがある一方で、全額介護保険が負担してくれるサービスが「ケアマネジャーによる支援業務」です。

「ケアプランを作成してもらう」「ケアプランを変更してもらう」「サービスの日程変更などを、ケアマネジャーに調整してもらう」など、**ケアマネジャーが利用者のために働いてくれた費用は、全額保険給付となり利用者負担はありません。**

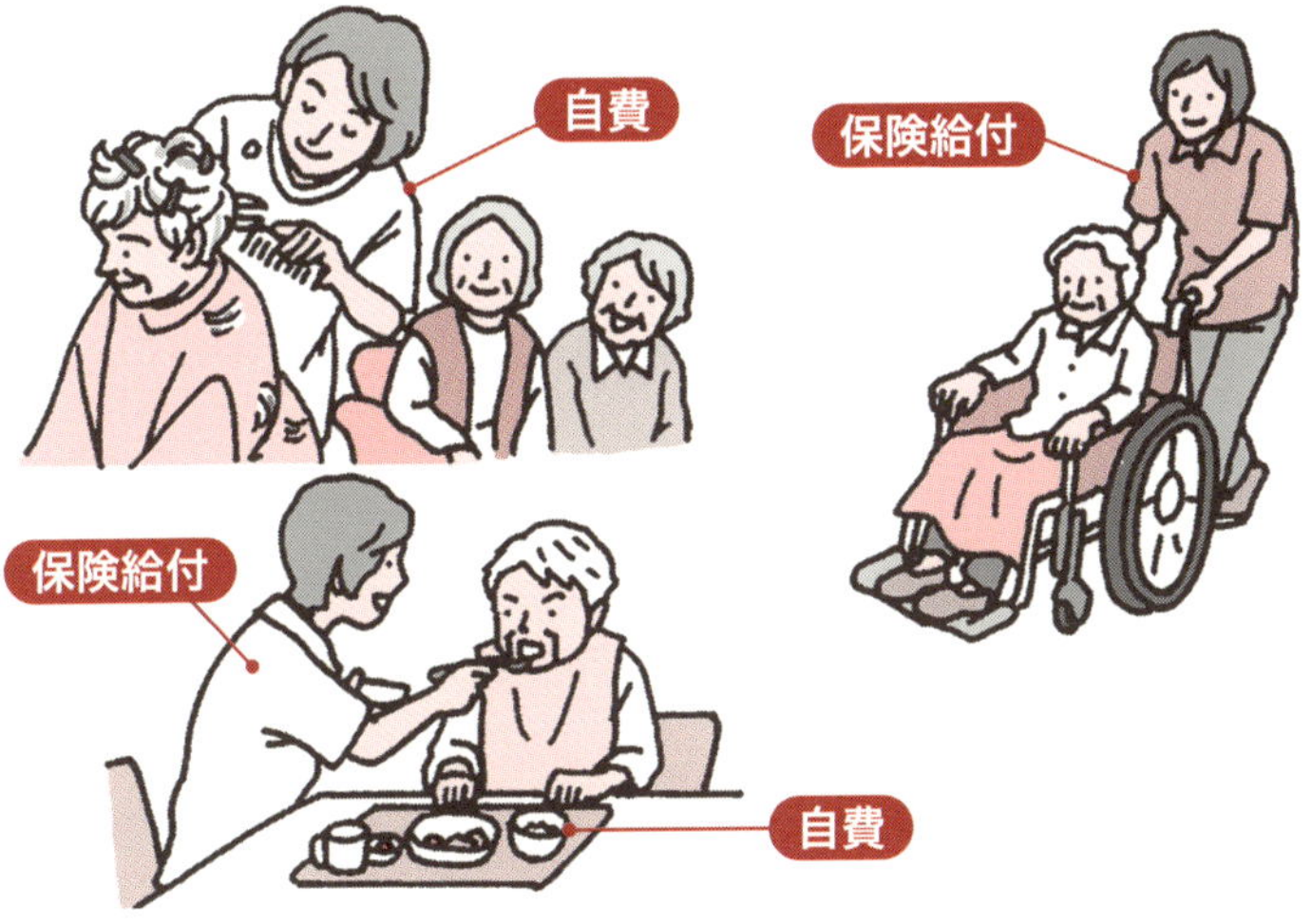

在宅や通いで利用する介護保険サービスの中の自己負担

デイサービスやデイケアなどでは、食費やおやつ代は全額自己負担です。また、施設のオムツを使用した場合も自己負担となります。

デイサービスなどのレクリエーションで使用する道具や、レクリエーションで提供されるサービスにも料金が発生するものがあるので注意が必要です。たとえば「今日は理容師さんが来て、希望者の髪の毛を切ってくれます」というサービスがあった場合、散髪料金は全額自己負担となります。

これら以外にも、例外的なことを行う場合はその分の料金は自己負担です。たとえば事業実施地域よりも遠くに迎えに来てもらう際の交通費、マッサージをしてもらうなどの特別サービス、支給限度額を超えた分のサービスなどが自己負担分に当たります。

**1日デイサービスに行った場合の利用者負担額
（9:00～16:00　要介護3　1割負担の一例）**

項目	金額	区分
サービス費	780円分	介護保険給付対象（1割負担で計算）
機能訓練加算	56円分	介護保険給付対象（1割負担で計算）
入浴加算	50円分	介護保険給付対象（1割負担で計算）
昼食代	690円	自己負担
花瓶づくり費用	100円	自己負担
	1,676円	（1割負担で計算）

※この日のレクリエーションが花瓶づくりだったため、その材料費は自己負担

在宅や通いで利用する介護保険サービスの自己負担

● 食費、おやつ代

● 日常生活費（身の回りのもの、オムツ代など）

超吸収
オムツ
大人用
本人が買いたいと言って買ったお団子代

● 限度額を超えた場合、その分のサービス費

今月はもう限度額いっぱいです
自費でいいのでこの日だけお願いします

● 特別なサービスをしてもらった場合の費用

チョキ
チョキ

● 事業地域よりも遠くへ送迎した場合の交通費

事業地域
デイサービス
地域外
どうしても通いたい

● 介護タクシーを利用した場合は、運賃

泊まりや、入所して利用する介護保険サービスの中の自己負担

泊まりや、入所して利用する施設の場合、大きく分けて2種類の料金体系があります。「ショートステイと介護保険施設」と「それ以外」です。

ショートステイと介護保険施設では、介護にかかる費用は1～2割の負担ですが、それ以外の食費、滞在費、光熱費や水道代、身の回りの生活用品などは全て自己負担となります。ただしオムツ代に関しては利用料金に含まれているので、どれだけ使っても別途料金はとられません。

それ以外の有料老人ホームやグループホーム、サービス付き高齢者向け住宅などもやはり、食費、家賃、光熱費や水道代、生活用品などが自己負担です。また、オムツも自分で用意するか、自己負担になります。ホームによっては入居一時金や保証金が必要な場合もあります。

10日間ショートステイに入った場合の利用者負担額（要介護3、1単位10円で計算、1割負担の一例）

基本サービス費	814単位 ×10日
夜勤配置加算	18単位 ×10日
送迎加算	184単位 ×1回
食費	1,380円 ×10日
滞在費	1,970円 ×10日
理美容費	1,500円 ×1回
	43,504円

※理美容費は特別サービスに当たるので自己負担

ショートステイと介護保険施設での自己負担

- 食費、おやつ代
- 滞在費または居住費、光熱費や水道代
- 日常生活費（身の回りのもの）
- 限度額を超えた場合、その分のサービス費
- 特別なサービスをしてもらった場合の費用
- 事業実施地域よりも遠くへ送迎した場合の交通費

上記以外の入居施設における自己負担

- 食費、おやつ代
- 家賃、共益費、管理費、光熱費、水道代など

  ※老人福祉施設の場合は、家賃が収入に応じて変わる
  ※それ以外の施設では、所定の家賃や一時金、保証金などを支払える人しか入居できない
- 生活用品（身の回りのもの、オムツ代など）
- 限度額を超えた場合、超過分は全額自己負担
- 特別なサービスをしてもらった場合の費用

Q16

わずかな障害年金で暮らしているうちの両親は、とても利用できません。

私の両親は現在80代半ばです。父が50代の頃に脳溢血で倒れ、片マヒになって以来、二人はわずかな障害年金で暮らしてきました。しかし、最近になって片マヒの父が認知症になってしまい、脚の悪い母は介護で憔悴しきっている状態です。

介護保険サービスを使ってほしいと説得するのですが、母は「お金がないから費用が払えない」と言って、要介護認定すら受けてくれません。一人娘である私も遠方に住んでいて手伝えないのですが、いったいどうしたらいいのでしょうか。

A

介護保険サービスは1～2割負担とはいえ、食費などの自己負担分も加えるとそれなりにまとまった支出となってしまいます。利用料の支払いが発生する以上、低所得者にとって簡単に利用できるサービスでないのは事実です。

しかし、諦める前に知っておきたい「低所得者のための負担軽減措置」がいくつかあります。

具体的には**「所得に対して介護料がかかり過ぎている場合には、払い過ぎた分を還付金として返してくれる制度（高額介護サービス費）」と、「低所得者にとって全額自己負担となる食費や滞在費は高過ぎるので、介護保険から補填して支払いを安くしてあげる制度（特定入所者介護サービス費）」などです。**

ここでは所得に応じて料金が変わる部分についてご紹介しますので、こうした低所得者向けの措置を受ければサービスが利用できないか検討してください。

介護保険サービスは、所得に応じて1割負担と2割負担とに分かれます

介護保険サービスは要介護度の高さと、住んでいる地域によって基本的な料金が設定されています。しかし利用者の所得や資産によっては、介護保険サービスを安いと感じる人もいれば、高額過ぎて払えないと感じる人もいるはずです。

そこで2015年8月以降は、**所得が高い人は介護保険サービスの利用料金が2割負担になります。** 2割負担となるのは65歳以上の人の中で、所得が上位20%の人です。今後は市区町村から届く「負担割合証」に書かれている負担額を確認して、「1割」と書かれていれば1割の金額を、「2割」と書かれていれば2割の金額を支払うことになります。

2割負担となるかどうかの具体的な判定基準は、下記のとおりです。

2割負担に該当するかの判定基準

年金収入と、その他所得の合計が

- **単身の人は280万円以上**
- **2人以上の世帯で346万円以上**

の場合は、介護保険サービスの利用料金が

2割負担となります

多過ぎる介護費用を払い戻してもらえる制度「高額介護サービス費」

利用者の所得と要介護度の状態によっては、「介護保険サービスを受けなければ生活できないが、金銭面で生活が厳しい」という矛盾が起こります。それをサポートするのが、この「高額介護サービス費」の制度です。

高額介護サービス費は、所得に応じて下記のとおり自己負担限度額が設定されています。**月々の介護保険サービス利用料がこの限度額を超える場合は、申請をすれば超えた分のお金を払い戻してもらえる制度です。**この限度額は世帯ごとに設定されているので、夫婦でサービスを利用している場合は該当する可能性が高くなります。

ただし、**申請を行わないと限度額がいちばん高い金額で設定されてしまうので注意が必要です。**

高額介護サービス費の負担限度額

所得区分	限度額（月）
現役並みの所得がある世帯	44,400円
一般的な所得の世帯	37,200円
住民税が非課税の世帯	24,600円
合計所得と年金収入が80万円以下の世帯	15,000円
生活保護世帯およびそれに準じる世帯	15,000円

自己負担の「食費」「滞在費（居住費）」を安くしてくれる「特定入所者介護サービス費」

介護保険施設に入所したり、ショートステイで短期間施設に入所する場合に、全額自己負担となる「食費」と「滞在費（居住費）」は非常に高額になります。そこで、本来は全額自己負担だけれども、低所得者に対してだけは介護保険で補塡してあげよう、というのが「特定入所者介護サービス費」という制度です。

この制度を利用すると、本来は1日当たり1500円程度かかる食費が、所得によっては1日当たり300円程度の負担ですみます。

この制度を利用するには、市区町村に申請して「介護保険負担限度額認定証」の交付を受けることが必要です。該当しそうだと思ったら、担当のケアマネジャーに相談してみましょう。

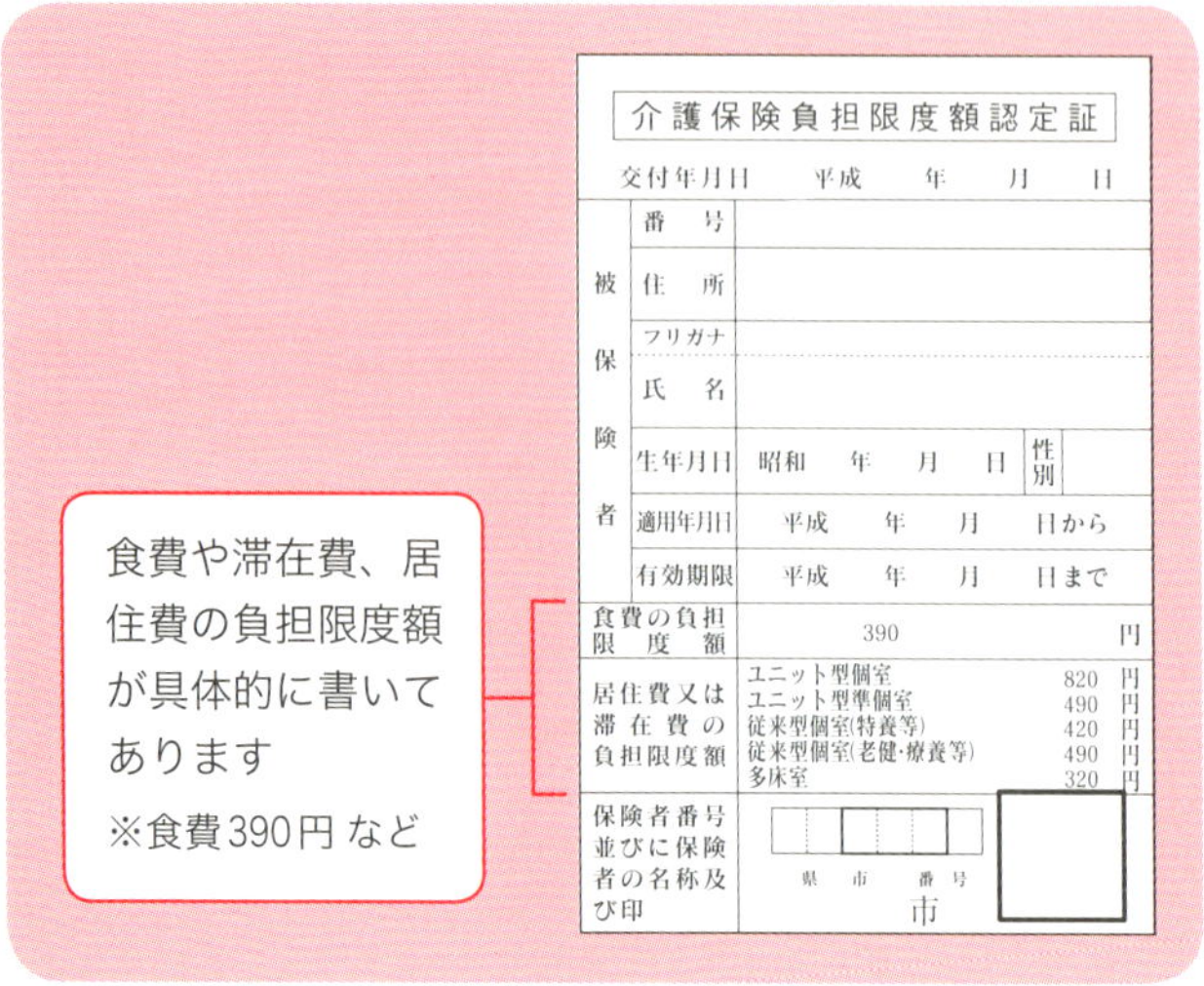
介護保険負担限度額認定証
交付年月日　平成　年　月　日
被保険者
番号
住所
フリガナ
氏名
生年月日　昭和　年　月　日
性別
適用年月日　平成　年　月　日から
有効期限　平成　年　月　日まで
食費の負担限度額　390　円
居住費又は滞在費の負担限度額
ユニット型個室　820　円
ユニット型準個室　490　円
従来型個室(特養等)　420　円
従来型個室(老健・療養等)　490　円
多床室　320　円
保険者番号並びに保険者の名称及び印
県　市　番号
市
食費や滞在費、居住費の負担限度額が具体的に書いてあります
※食費390円など

特定入所者介護サービス費の対象者と負担限度額

区分	居宅の形態	居住費	食費
第1段階（生活保護など）	ユニット型個室	820円	300円
	ユニット型準個室	490円	
	従来型個室	320円	
	多床室	0円	
第2段階（年金収入80万円以下など）	ユニット型個室	820円	390円
	ユニット型準個室	490円	
	従来型個室	420円	
	多床室	320円	
第3段階（住民税非課税など）	ユニット型個室	1,640円	650円
	ユニット型準個室	1,310円	
	従来型個室	820円	
	多床室	320円	

上記対象者から外れる人

- **預貯金がたくさんある場合**
（単身1,000万円以上、夫婦で2,000万円以上は制度対象外）

- **配偶者の所得が課税されている場合**
（施設入所の際に世帯分離をしていても、配偶者の所得が課税される水準にある場合は制度対象外）

- **非課税年金も所得として計算に入れる**
（遺族年金や障害年金などの非課税年金も所得として計算すると、住民税が課税される金額になる場合は制度対象外）

Q17

寝たきりの父は、絶対に介護保険サービスを利用してくれません。

今年で81歳になる父は昨年脳出血を患い、後遺症であるマヒが重いために寝たきりになってしまいました。本人と母の強い希望により、現在は自宅で母と娘である私の二人で協力して介護をしていますが、非常に大変です。

私たちの住んでいる地域は田舎のためか、父は介護保険サービスの利用を絶対に受け入れてくれません。「他人の世話になるくらいなら死んだほうがマシだ」とまで言う始末です。介護保険以外で、私たちの介護が少しでも楽になるような方法はありませんか。

A

寝たきりのお父様を、家族だけで介護していることで、非常に大変だろうと思います。

お父様は受け入れたくないかもしれませんが、34～35頁を参考にして何とか要介護認定だけでも受けてもらいましょう。訪問介護は受け入れられなくても、「医者の指示で看護をしに来た」という立場の訪問看護であれば、介護保険サービスだとは思わずに受け入れてくれるかもしれません。訪問看護によって定期的に寝返り介助や清拭などの看護を受けてくれるだけで、家族の負担は多少楽になることでしょう。

また、介護保険サービス以外にも、**各地方自治体が独自に行っている高齢者福祉サービスがあります。**それらを上手に利用したり、寝たきりなのであれば**障害者手帳を取得して、障害者福祉のサービスを利用するのも介護を楽にするのに有効です。**

まずはお住まいの市区町村役場で相談してみるといいでしょう

自治体が行う高齢者福祉サービスの利用

介護保険サービスとは別に、**自治体が独自に行っている高齢者福祉サービスがあります。**各自治体によって内容が異なりますので、お住まいの地域ではどのようなサービスがあるか市区町村の役場で聞いてみるといいでしょう。

イメージがわきやすいように、代表的な高齢者福祉サービスの例を左頁に挙げました。寝たきりなのであれば訪問理容・美容サービスや、歯科口腔保健の推進サービスなどが自宅で受けられると便利でしょうし、慰労金や敬老祝金の支給サービスがある自治体も多いようです。

家族以外の介護力を利用できないのであれば、せめて慰労金や紙オムツ支給サービスなどの金銭的な支援を受けるようにしましょう。

重度の要介護者を自宅で介護しながら、介護保険を使わなかった家族へ慰労金を支給する自治体もあります

地方自治体が行っている高齢者福祉サービス（例）

- 訪問理容・美容サービス
- 寝具乾燥消毒サービス
- 紙オムツ支給サービス
- 日常生活用具の支給サービス
（火災報知器、自動消火装置、IH調理器など）
- 徘徊高齢者位置検索サービス
- 緊急通報システム設置サービス
- 傾聴ボランティアの派遣サービス
- 食事の配食サービス
- 在宅要援護高齢者介護者手当支給サービス
- 敬老祝金支給サービス
- 歯科口腔保健の推進サービス
- 高齢者外出支援サービス

など

※各市区町村によって内容は異なります

障害者手帳を取得して、障害者福祉サービスを利用しよう

要介護度がある程度高く出ている場合は、障害者手帳を取得できる可能性が高くなります。障害者手帳を取得すれば、介護保険サービスや高齢者福祉サービスに加えて、障害者福祉サービスも利用できるようになるのでおすすめです。

日常生活における障害者福祉サービスと言えば、公共交通機関の割引サービスや、美術館や映画館の割引、駐車禁止からの除外などが利用できます。

しかし相談者のお父様の場合は寝たきりのようなので、日常生活におけるサービスよりも左頁でまとめたような税金の障害者控除などのほうが有益かもしれません。

このほかにも医療費の控除などもあるので、市区町村の窓口に相談して、申請しましょう。

障害者手帳の取得方法

必要なもの	申請窓口
身体障害者診断書・意見書、写真、印鑑	お住まいの市区町村役場

※申請日から、通常は1～3ヵ月程度で障害者手帳が発行されます

※市区町村によっては、発行後に交付説明会を実施してくれるところもあります

代表的な障害者福祉サービス

●所得税の障害者控除

配偶者または扶養親族が障害者のときは、所得税を計算する際に障害者控除として1人当たり27万円（特別障害者のときは1人当たり40万円）が所得金額から差し引かれます。

また、被扶養家族である特別障害者と同居している場合は、1人当たり75万円が所得金額から差し引かれます

●住民税の障害者控除

配偶者または扶養親族が障害者のときは、住民税を計算する際に障害者控除として1人当たり26万円（特別障害者のときは1人当たり30万円）が所得金額から差し引かれます。

また、被扶養家族である特別障害者と同居している場合は、1人当たり53万円が所得金額から差し引かれます

●自動車税、自動車取得税の減免

障害者手帳の交付を受けている方が使用する車で一定の要件を満たす場合は、申請により自動車税・自動車取得税の減免を受けることができます

●相続税の障害者控除

相続人が障害者であるときは、85歳に達するまでの年数1年につき10万円（特別障害者のときは20万円）が障害者控除として、相続税額から差し引かれます

コラム3

目に見えない「関係」を評価し、「関係づくりの介護」を

介護保険の認定調査で評価するのは、大別して2つです。一つは、病気と身体機能のレベルと日常生活での介助の程度。もう一つは、認知症の有無とそのレベル、生活への影響の度合いです。

でも、私はもう一つ大事なことがあると思っています。それは「関係」です。目に見えない関係を評価すべきだと思うのです。

というのも、人間関係が豊かな人は、身体機能が低くても寝たきりにはなりにくいし、認知症だって進行しないんです。

人間関係といっても、専門家がいっぱいかかわっているのは効果がないどころか逆効果です。つまり、何かをしてもらうという一方的な関係ではなくて、仲間どうしのような相互的な関係がいいようです。

私は、相互的で豊かな関係が失われている状態を「関係障害」と名づけました（『関係障害論』雲母書房）。そして、その状態が続くと、もっとも基本的な「自分自身との関係」を失ってしまうのではないかと考えました。

かつて介護現場でよく見られた、プライドを失った高齢者の表情は、そう考えないと説明ができないと思ったのです。

すると、介護の大事な仕事に「関係づくり」を加えなければなりません。もちろん、相互的で豊かな関係をつくりあげるのです。

相互的な関係は専門家が担うものではありません。同じように、高齢で認知症もあったりする人たちとの関係をつくるのです。私たちはそのための媒介になるのです。

そう、介護の介は媒介の介なのです。

参考資料

地域区分

介護保険のサービス単価は全て単位で表記されます。単位は、介護サービス事業者の所在地によって換算率を変えるための方策です。全国は1級地から7級地とその他の8つの地域に分けられています

1級地	東京都:特別区
2級地	東京都:狛江市、多摩市／神奈川県:横浜市、川崎市／大阪府:大阪市
3級地	千葉県:千葉市／東京都:八王子市、武蔵野市、府中市、調布市、町田市、小金井市、小平市、日野市、国分寺市、稲城市、西東京市／神奈川県:鎌倉市／愛知県:名古屋市／大阪府:守口市、大東市、門真市、四條畷市／兵庫県:西宮市、芦屋市、宝塚市
4級地	埼玉県:さいたま市／千葉県:船橋市、浦安市／東京都:立川市、昭島市、東村山市、国立市、東大和市／神奈川県:相模原市、藤沢市、厚木市／大阪府:豊中市、池田市、吹田市、高槻市、寝屋川市、箕面市／兵庫県:神戸市
5級地	茨城県:龍ケ崎市、取手市、牛久市、つくば市、守谷市／埼玉県:朝霞市、志木市、和光市、新座市／千葉県:成田市、佐倉市、習志野市、市原市、四街道市／東京都:三鷹市、青梅市、清瀬市、東久留米市、あきる野市、日の出町／神奈川県:横須賀市、平塚市、小田原市、茅ヶ崎市、逗子市、大和市、伊勢原市、座間市、寒川町／滋賀県:大津市、草津市／京都府:京都市／大阪府:堺市、枚方市、茨木市、八尾市、松原市、摂津市、高石市、東大阪市、交野市／兵庫県:尼崎市、伊丹市、川西市、三田市／広島県:広島市／福岡県:福岡市
6級地	宮城県:仙台市／茨城県:水戸市、日立市、土浦市、古河市、利根町／栃木県:宇都宮市、下野市、野木町／群馬県:高崎市／埼玉県:川越市、川口市、行田市、所沢市、加須市、東松山市、春日部市、狭山市、羽生市、鴻巣市、上尾市、草加市、越谷市、蕨市、戸田市、入間市、桶川市、久喜市、北本市、八潮市、富士見市、三郷市、蓮田市、坂戸市、幸手市、鶴ヶ島市、吉川市、ふじみ野市、白岡市、伊奈町、三芳町、宮代町、杉戸町、松伏町／千葉県:市川市、松戸市、柏市、八千代市、袖ケ浦市、酒々井町、栄町／東京都:福生市、武蔵村山市、羽村市、奥多摩町／神奈川県:三浦市、秦野市、海老名市、綾瀬市、葉山町、大磯町、二宮町、愛川町、清川村／岐阜県:岐阜市／静岡県:静岡市／愛知県:岡崎市、春日井市、津島市、碧南市、刈谷市、豊田市、安城市、西尾市、稲沢市、知立市、愛西市、北名古屋市、弥富市、みよし市、あま市、大治町、蟹江町／三重県:津市、四日市市、桑名市、鈴鹿市、亀山市／滋賀県:彦根市、守山市、栗東市、甲賀市／京都府:宇治市、亀岡市、向日市、長岡京市、八幡市、京田辺市、木津川市、精華町／大阪府:岸和田市、泉大津市、貝塚市、泉佐野市、富田林市、河内長野市、和泉市、柏原市、羽曳野市、藤井寺市、泉南市、大阪狭山市、阪南市、島本町、豊能町、能勢町、忠岡町、熊取町、田尻町／兵庫県:明石市、猪名川町／奈良県:奈良市、大和高田市、大和郡山市、生駒市／和歌山県:和歌山市、橋本市／広島県:府中町／福岡県:春日市、大野城市、太宰府市、福津市、糸島市、那珂川町、粕屋町
7級地	北海道:札幌市／茨城県:結城市、下妻市、常総市、笠間市、ひたちなか市、那珂市、筑西市、坂東市、稲敷市、つくばみらい市、大洗町、阿見町、河内町、八千代町、五霞町、境町／栃木県:栃木市、鹿沼市、日光市、小山市、真岡市、大田原市、さくら市、壬生町／群馬県:前橋市、伊勢崎市、太田市、渋川市、玉村町／埼玉県:熊谷市、飯能市、深谷市、日高市、毛呂山町、越生町、滑川町、川島町、吉見町、鳩山町、寄居町／千葉県:木更津市、野田市、茂原市、東金市、流山市、我孫子市、鎌ケ谷市、君津市、八街市、印西市、白井市、山武市、大網白里市、長柄町、長南町／東京都:瑞穂町、檜原村／神奈川県:箱根町／新潟県:新潟市／富山県:富山市／石川県:金沢市／福井県:福井市／山梨県:甲府市／長野県:長野市、松本市、塩尻市／岐阜県:大垣市／静岡県:浜松市、沼津市、三島市、富士宮市、島田市、富士市、磐田市、焼津市、掛川市、藤枝市、御殿場市、袋井市、裾野市、函南町、清水町、長泉町、小山町、川根本町、森町／愛知県:豊橋市、一宮市、瀬戸市、半田市、豊川市、蒲郡市、犬山市、常滑市、江南市、小牧市、新城市、東海市、大府市、知多市、尾張旭市、高浜市、岩倉市、豊明市、日進市、田原市、清須市、長久手市、東郷町、豊山町、大口町、扶桑町、飛島村、阿久比町、東浦町、幸田町／三重県:名張市、いなべ市、伊賀市、木曽岬町、東員町、朝日町、川越町／滋賀県:長浜市、野洲市、湖南市、東近江市／京都府:城陽市、大山崎町、久御山町／大阪府:岬町、太子町、河南町、千早赤阪村／兵庫県:姫路市、加古川市、三木市、高砂市、稲美町、播磨町／奈良県:天理市、橿原市、桜井市、御所市、香芝市、葛城市、宇陀市、山添村、平群町、三郷町、斑鳩町、安堵町、川西町、三宅町、田原本町、曽爾村、明日香村、上牧町、王寺町、広陵町、河合町／岡山県:岡山市／広島県:東広島市、廿日市市、海田町、坂町／山口県:周南市／香川県:高松市／福岡県:北九州市、飯塚市、筑紫野市、古賀市／長崎県:長崎市
その他	その他の地域

各サービスの１単位の単価

介護保険サービスの料金は、サービスの種類によって４つのランクに分かれます。さらに各ランクで１級地からその他の地域までの違いがあるので、かなり複雑です。なお、カッコで囲んだサービスは要介護のみで、要支援はありません

サービスの種類			
●訪問介護 ●訪問入浴介護 ●訪問看護 （定期巡回・随時対応型訪問介護看護） （夜間対応型訪問介護） （居宅介護支援） ●介護予防支援	●訪問リハビリテーション ●通所リハビリテーション ●短期入所生活介護 ●認知症対応型通所介護 ●小規模多機能型居宅介護 （看護小規模多機能型居宅介護）	●通所介護 ●短期入所療養介護 ●特定施設入居者生活介護 ●認知症対応型共同生活介護 （地域密着型特定施設入居者生活介護） （地域密着型介護老人福祉施設） （介護老人福祉施設サービス） （介護老人保健施設サービス） （介護療養型医療施設サービス）	●居宅療養管理指導 ●福祉用具貸与
１級地			
11.40円	11.10円	10.90円	10.00円
２級地			
11.12円	10.88円	10.72円	10.00円
３級地			
11.05円	10.83円	10.68円	10.00円
４級地			
10.84円	10.66円	10.54円	10.00円
５級地			
10.70円	10.55円	10.45円	10.00円
６級地			
10.42円	10.33円	10.27円	10.00円
７級地			
10.21円	10.17円	10.14円	10.00円
その他			
10.00円	10.00円	10.00円	10.00円

訪問介護（ホームヘルプ）の利用料

要介護1～5の場合は、下記のように1回の利用料が決まっています。要支援1、2の場合は身体介護と生活援助の区分がありません。費用は月単位の定額制になります

身体介護	20分未満	165単位
	20分以上30分未満	245単位
	30分以上1時間未満	388単位
	1時間以上（30分増すごとに80単位を加算）	564単位
生活援助	20分以上45分未満	183単位
	45分以上	225単位
通院等乗降介助	1回につき（運賃は別途）	97単位

短期入所生活介護（ショートステイ）の利用料

利用料は、要介護度別に1日いくらと決められています。そのほか、ショートステイを専門に行う単独型か入所施設の併設型かによっても、多床室や個室など居室のタイプによっても異なります

併設型ユニット型 短期入所生活介護費 （ユニット型個室の場合）	要支援1	508単位
	要支援2	631単位
	要介護1	677単位
	要介護2	743単位
	要介護3	814単位
	要介護4	880単位
	要介護5	946単位

通所介護（デイサービス）の利用料

要介護1〜5の場合は、下記のようにデイサービス施設の分類とサービス時間の区分によって1日の利用料が決まります。要支援1、2の場合は、月単位の利用料となり、要支援1が1,647単位、要支援2が3,377単位です

分類	要介護度	区分 3時間以上5時間未満	区分 5時間以上7時間未満	区分 7時間以上9時間未満
小規模型（前年度の月平均利用者数が延べ300人以下の施設）	要介護1	426単位	641単位	735単位
	要介護2	488単位	757単位	868単位
	要介護3	552単位	874単位	1,006単位
	要介護4	614単位	990単位	1,144単位
	要介護5	678単位	1,107単位	1,281単位
通常規模型（前年度の月平均利用者数が延べ301〜750人の施設）	要介護1	380単位	572単位	656単位
	要介護2	436単位	676単位	775単位
	要介護3	493単位	780単位	898単位
	要介護4	548単位	884単位	1,021単位
	要介護5	605単位	988単位	1,144単位
大規模型Ⅰ（前年度の月平均利用者数が延べ751〜900人の施設）	要介護1	374単位	562単位	645単位
	要介護2	429単位	665単位	762単位
	要介護3	485単位	767単位	883単位
	要介護4	539単位	869単位	1,004単位
	要介護5	595単位	971単位	1,125単位
大規模型Ⅱ（前年度の月平均利用者数が延べ901人以上の施設）	要介護1	364単位	547単位	628単位
	要介護2	417単位	647単位	742単位
	要介護3	472単位	746単位	859単位
	要介護4	524単位	846単位	977単位
	要介護5	579単位	946単位	1,095単位

小規模型のデイサービスは、2017年度以降地域密着型サービスへ移行します

三好 春樹（みよし　はるき）
1950年生まれ。生活とリハビリ研究所代表。1974年から特別養護老人ホームに生活指導員として勤務後、九州リハビリテーション大学校卒業。ふたたび特別養護老人ホームで理学療法士(PT)としてリハビリテーションの現場に復帰する。年間150回を超える講演と実技指導で絶大な支持を得ている。
著書に、『認知症介護 現場からの見方と関わり学』『関係障害論』（以上、雲母書房）、『老人介護 じいさん・ばあさんの愛しかた』（新潮文庫）、『在宅介護応援ブック 認知症ケアQ＆A』『在宅介護応援ブック 介護の基本Q＆A』『完全図解 新しい認知症ケア 介護編』『完全図解 新しい介護 全面改訂版』『完全図解 介護のしくみ 改訂新版』『介護タブー集』『認知症介護が楽になる本 介護職と家族が見つけた関わり方のコツ』『最強の老人介護』（以上、講談社）など多数。

東田 勉（ひがしだ　つとむ）
1952年生まれ。コピーライターとして制作会社数社に勤務後、フリーライターとなる。2005年から2007年まで、介護雑誌の編集を担当。医療、福祉、介護分野の取材や執筆多数。著書に『認知症の「真実」』『完全図解 介護のしくみ 改訂新版』（三好春樹氏との共著）、『それゆけ！ おやじヘルパーズ』（以上、講談社）がある。

在宅介護応援《ざいたくかいごおうえん》ブック
介護保険活用法《かいごほけんかつようほう》Q＆A

介護ライブラリー

発行日 ―― 2015年 7月15日　第1刷発行

著　　者 ―――― 三好春樹《みよしはるき》
編集協力 ―――― 東田《ひがしだ》　勉《つとむ》
装　　幀 ―――― 大野リサ
本文・カバーイラスト ―― 秋田綾子

発行者 ―― 鈴木　哲
発行所 ―― 株式会社講談社
〒112-8001　東京都文京区音羽2-12-21
電話　出版　03-5395-3560
販売　03-5395-4415
業務　03-5395-3615

印刷所 ―― 凸版印刷株式会社
製本所 ―― 株式会社若林製本工場

ISBN978-4-06-282470-5　N.D.C.493.7 191p 19cm